Cristiana Ferrini

Mio padre, il capitano dei capitani

Giorgio Ferrini,
una storia granata

CAIRO

ISBN 978-88-309-0523-8
Prima edizione: luglio 2025

Sommario

Prefazione

di *Amos Ferrini*

L'ultima estate con lui, nel luglio del 1976 a Lignano Riviera. La sorpresa di quell'anno fu che mio papà comprò una barchetta a vela, una deriva di quattro metri, carena blu e il resto tutto bianco. Per prendere confidenza con quel guscio, ci usciva in mare con gli amici, cercando anche di assaporare l'ebbrezza di allontanarsi dalla riva, sfruttando solo il vento. Un giorno, finalmente, fu anche il mio turno. Lui al timone e io che cercavo di capire come potesse una barca andare quasi contro vento. Fui subito entusiasta delle sensazioni dell'aria sul viso e del silenzio nel mare aperto. La spiaggia sempre più lontana, noi due da soli. Che bello.

Tornati a riva, papà mi ha spiegato come piegare bene le vele e mettere in ordine tutte le cime di bordo, come togliere la deriva e riporre il timone. Probabilmente guardava già lontano. Si avvicinò e mi disse che da quel momento lei sarebbe stata mia! Alla fine del mese andò in ritiro pre-campionato e noi rimanemmo ancora per tutto agosto al mare. Io, ogni giorno, guardavo quella barchetta con il desiderio di spingerla in acqua, ma mi era stato vietato. Nessuno si sarebbe preso la responsabilità di uscire in mare con un bimbo di nove anni. Quando rientrai a Torino, dopo tutto quello che era capitato, mi precipitai subito dal mio amico del cuore e vicino di casa, Giorgio Ghibaudi, per raccontargli della magnifica barchetta che mi aveva regalato papà. Non sapevo nulla di vela e lui mi regalò il suo libro illustrato sui principi basilari della navigazione.

A novembre papà ebbe il secondo aneurisma e se ne andò in cielo, sospinto da quei venti triestini che ci avevano accompagnato per l'ultima volta insieme.

C'era un altro regalo ricevuto da lui in cui trovai rifugio, un regalo super desiderato: la piccola moto Montesa Cota 25. Avendo capito che per il calcio non ero proprio portato, me l'aveva portata a casa un pomeriggio, su consiglio di un caro amico di famiglia, Massimo Giovale, appassionato di trial. Giravo tutto il giorno nei boschi vicino a casa, forse per stare lontano da quella mia abitazione oramai piena di tristezza.

L'estate successiva mi ritrovai nuovamente di fronte all'*Albatros*. Quello era il nome che avevo dato al mio guscio a vela, prendendo spunto dai libri di nautica divorati in quell'anno così strano appena trascorso.

Mi sentivo pronto a prendere il mare e devo dire che mia madre, forse inconsciamente, mi lasciò la libertà di sperimentare tutto ciò che avevo studiato. Mi sentivo in dovere di ripagare papà per avermi donato la deriva. Dovevo comportarmi ormai da «capitano»... ma di una barca!

Un giorno decidemmo di fare una gita, feci salire a bordo mamma, Cristiana, Gianna Sattolo con i figli Paolo e Cristina. La nostra meta era oltre la foce del fiume Tagliamento, per fare un picnic. Al rientro, il vento aumentò, le mamme spaventate volevano tornare indietro e scendere a terra, così io presi rotta verso la spiaggia più vicina, scaricai tutti tranne la coraggiosa Cristina e riportai la barca a destinazione. Mi conquistai la fiducia di tutti. Ero un marinaio! Non avrei abbandonato la mia barchetta per niente al mondo.

Papà mi aveva iniziato alla vela e questa diventò il mio sport preferito. A diciotto anni presi addirittura la patente nautica prima di quella automobilistica; partecipai per vent'anni ai campionati invernali in Liguria su barche molto più grandi, feci da skipper per le vacanze nel Mediterraneo e, con una barca a vela transoceanica, attraversai l'Oceano Atlantico, fino ad arrivare nei Caraibi. Fu un'esperienza incredibile.

Fondai una Onlus, «Rivelarsi», per portare i ragazzi diversamente abili a conoscere il mare e il vento.

Vento di passione, che ti entra dentro, come per papà l'amore del golfo di Trieste, che tanto sento vicino e in cui vorrei navigare ancora una volta con lui, facendogli vedere come sono diventato bravo.

Un vento a cui affidare il mio ringraziamento, sperando che lo raggiunga: grazie, papà.

Grazie, Capitano.

MIO PADRE,
IL CAPITANO DEI CAPITANI

Dedico questo libro alla mia mamma (non credo lo leggerà), per dirle grazie per l'esempio che ci ha dato, quello di essere persone libere, come lo è stata lei, a volte fragile e indifesa, spaventata, quasi irraggiungibile nei suoi pensieri, ma sempre la nostra guerriera, la nostra leonessa, la donna lodevole dell'uomo che ha amato.

E dedico questa storia di vita ai miei figli Giorgio e Simone, perché la memoria e l'esempio del loro nonno non siano vani, perché i sogni si avverano, basta lottare, non mollare mai e crederci, proprio come ha fatto lui.

La ballata del capitano

di Gianni Mori

Capitano, capitano, capitano,
sei andato tutto solo via lontano,
a giocare una partita che non
terminerà più
sopra un campo grande grande
dove l'erba è tutta blu
là potrai guardare il sole
perché il male non c'è più
ma un'eterna giovinezza
quella che hai lasciato tu.
Mille ricordi, di mille partite
giocate con l'ansia della battaglia
coi tuoi ragazzi che ti guardavano
e ti seguivano
come un esempio, come un esempio,
come un esempio.

Introduzione

Trieste-Torino, Torino-Trieste, un viaggio che porta con sé la magia della sorte di un ragazzo predestinato, che ha seguito un sogno e lo ha realizzato, un viaggio che non avrà una fine, perché i miti non muoiono, restano i loro esempi e le loro gesta. In un mondo che ha bisogno di uomini com'è stato lui, leale, giusto, equilibrato, generoso e buono, incorruttibile, un lottatore e un atleta, mai come oggi c'è necessità, soprattutto per i giovani, di eroi, di persone concrete, da cui prendere esempio.

Un uomo con valori profondi, solidi, puri. Un uomo di grandi fatti e poche, pochissime parole. Un uomo che, senza accorgersene, è stato un leader, oltre che un capitano, un amico, un compagno di spogliatoio, un marito devoto, un dolcissimo papà.

Devo raccontare della sua troppo breve ma ricca storia. Parlare di lui mi emoziona e inorgoglisce sempre. Credo che ripercorrere la sua vita non sia un esercizio di ostentazione, ma un dovere di merito. Lui ha vissuto poco, ma è riuscito a dare alla sua esistenza un valore così singolare ed esemplare che noi tutti ne abbiamo vissuto la concretezza dell'essenza.

Prologo

«Ferrini non c'è più.» Lo grida *Tuttosport* in un titolo dell'8 novembre 1976, per informare tutti quelli che lo conoscevano e lo amavano come giocatore. Il capitano dei capitani ha lasciato il campo e lo strillone di carta fa il giro di Torino (e dell'Italia) per informare tutti gli appassionati di calcio.

Per me, invece, è come un certificato, molto più attendibile di quello che rilascia il medico legale. Un pezzo di carta venduto in edicola per centocinquanta lire mi schiaffeggia con la verità più cruda e violenta, perché a dodici anni non è così semplice realizzare che non vedrai mai più tuo padre. Io continuo a guardarlo da dentro, nella memoria che arriva fino al suo ultimo respiro, finché ho sentito il calore della sua pelle, finché ho sentito il suo cuore battere col mio. Ora batte NEL mio. Perché un padre non se ne va mai davvero completamente. Noi, come esseri umani, siamo anche la somma dei nostri ricordi, il passato elaborato nel presente e nel futuro, attraverso le scelte influenzate da chi siamo stati.

Io sono stata e sono la figlia di mio padre. Sono Cristiana Ferrini. Indosso quel cognome come fosse la sua maglietta, ma, a differenza di un indumento sportivo, non può sbiadire, infeltrirsi, logorarsi. Resta lucente, di quel granata vivo che definisce cromaticamente la mia vita, morbido come le sue carezze, profumato come l'erba del Filadelfia, quel campo dove ha vissuto gran parte della sua vita, dov'è stata allestita la sua camera ardente, affinché le tante persone che gli hanno voluto bene potessero rendergli omaggio, dove si è svolto il suo funerale.

Sono arrivati in migliaia quel giorno, i suoi ex compagni, avversari, dirigenti, rappresentanti istituzionali del calcio italiano, tifosi, gente comune, toccata dall'ingiusta e prematura scomparsa di un «uomo di valori», come dicevano in molti sottovoce, una bandiera, ma anche un marito e un padre troppo giovane. Io guardo ancora dall'altra parte, dietro e dentro di me, scorrendo le immagini al contrario, come una videocassetta riavvolta in modalità play/rew, che registro indelebilmente nella mia adolescenza, per costruirci sopra la donna che sarò.

La mia mente ritorna così dove tutto è iniziato e tutto è finito, a quel giorno in cui ho avuto la certezza che si era chiusa improvvisamente la mia infanzia.

Troppa pena nel vedere la sofferenza infinita negli occhi di mia mamma, lo smarrimento di mio fratello Amos così piccolo, indifeso e silenzioso, i miei nonni muti con le spalle curve, come improvvisamente rimpiccioliti per il troppo dolore. Sentire il cuore che si crepa, la solitudine che ti avvolge, insieme alla tristezza e a una grande malinconia, quella che arriva incolmabile negli abissi dell'anima. Il silenzio e il vuoto nelle pareti di casa delle settimane successive furono devastanti e mai cancellerò questo senso di abbandono e impotenza, si è insidiato in un posticino profondo dentro di me.

Passano i giorni e lo cerco in ogni angolo; aspetto un qualsiasi rumore, anche quello della sua macchina che è lì ferma in garage, silenziosa e rispettosa. Tutto immobile come un incantesimo dell'orrore.

Io e Amos troppo piccoli per conoscere il significato del DOLORE, per sapere dare un senso alla nostra vita che cambiava. Mi sono buttata ad amarla questa vita, pazzamente, dall'alba al tramonto, come se non ci fosse un domani. Da questo dolore ho tratto una forza, lavorandoci ogni giorno. Vivo di passioni, di affetto. Sono una romantica, una donna gioiosa che ha tramutato la sofferenza provata nel suo mantra: ama e goditi ogni giorno come fosse l'ultimo.

Sono fiera di avere gli stessi suoi occhi, il suo colore di capelli, le sue mani e, ahimè, i suoi piedi, il suo carattere da mula triestina che non molla mai, di essere una persona ricca di ricordi meravigliosi, indelebili, scolpiti nel cuore, quel cuore ferito troppo presto, quando presi coscienza che non avrei più avuto occasione di perdermi nel suo abbraccio o di parlargli, per dirgli quanto gli voglio bene.

Provo a farlo con questo libro, cercando le parole che in questi cinquant'anni si sono accatastate sui ricordi di lui e che vengono fuori, talvolta gridando, ogni volta che vedo granata. Ogni volta che gioca il Toro. Il suo, il nostro Toro.

1

A un passo da Superga

Felice Gimondi ha vinto il cinquantanovesimo Giro d'Italia e Adriano Panatta si aggiudica gli Open di Francia. L'estate del '76 inizia nel modo migliore per gli sportivi italiani, che tornano dalle gite fuori porta alla fine della prima domenica di giugno, inscatolati nelle 127, col gomito fuori dai finestrini. E mentre dai jukebox escono le note di *Ancora tu* e *Margherita*, succede molto altro.

Il procuratore della Repubblica Francesco Coco viene ucciso dalle Brigate Rosse; al Gran Premio del Nürburgring, Niki Lauda viene coinvolto in un grave incidente che gli procura impressionanti ustioni al viso; Unione Sovietica e Stati Uniti si giocano il derby planetario delle missioni spaziali. I primi si portano in vantaggio lanciando la navicella Soyuz 21 e gli americani pareggiano facendo gravitare la sonda Viking nell'orbita marziana.

Noi, invece, ce ne stiamo *accoccolati ad ascoltare il mare*, come canta Claudio Baglioni in un suo disco, sulla spiaggia di Lignano Riviera. Ci viviamo spensierati e felici la nostra estate. Papà, al mare, ci coinvolge in tanti giochi. Ha comprato un aquilone e, con Amos che gli sta appiccicato alle gambe, cerca di farlo volare, correndo su e giù per il lungomare. Non c'è vento, però, così usciamo con il pattino e parte la gara di tuffi, la sfida a chi arriva prima alla boa, ma c'è un gioco, che faccio con lui, ed è il mio preferito. Ci buttiamo in acqua e nuotiamo con la pancia che quasi tocca il fondale di sabbia. Poi ci diamo lo slancio, riemergiamo, prendiamo fiato e ci rituffiamo in una sequenza così lunga che per poco non ci spuntano davvero le pinne. Sott'acqua ci siamo soltanto io e lui, con il silenzio del mare. Io, attaccata alla sua schiena, mi lascio trasportare. Il gioco del delfino l'ho ripetuto con i miei figli piccoli e lo faccio persino da sola ogni volta che entro in un bel mare azzurro, dove, in questo ricordo vivo, mi perdo ancora nel suo abbraccio, quell'abbraccio forte che a volte mi faceva quasi male ma nel quale mi accoccolavo spensierata e fiera. Credo inconsciamente di aver provato per lui una forma di adorazione, perché mi piaceva guardarlo, mi piaceva il suo modo di gesticolare e di camminare e mi piaceva ascoltarlo parlare con la sua cadenza triestina.

È una vacanza bellissima, un sogno incantevole

interrotto sul più bello dalla sveglia che suona. Deve già tornare al lavoro. Ci sono i nuovi progetti che lo aspettano. Dopo aver terminato la carriera di calciatore, deve frequentare il Corso di Coverciano per il conseguimento del patentino necessario a sedere su una panchina di Serie A e lo attende la sua squadra per il ritiro in Valle d'Aosta. Come vice allenatore di Gigi Radice. Così lascia Lignano, come ha sempre fatto a fine giugno.

È una condizione della sua professione e, anche se ne siamo un po' rattristati, in famiglia ci siamo abituati, quindi è del tutto normale. Senza di lui ci si diverte meno, ma il mare, la compagnia di mio fratello e degli amici e i miei dodici anni fanno scorrere i giorni nella placida spensieratezza. La mia vita è un cielo terso, che però viene improvvisamente squarciato da un tuono che risuona col telefono.

«Mariuccia, devo dirti una cosa: Giorgio è stato male.»

È Bruno Rocco a informare mia madre. Ha preso lui la telefonata, arrivata da Gigi Radice. Papà era con lui a Torino, ancora in ritiro con la squadra appena scudettata, come suo vice.

«Papà ha avuto un malore» urla la mamma. «Ha accusato un fortissimo male alla testa ed è svenuto. L'hanno portato all'ospedale Molinette. È grave.»

Mamma infila quello che trova in valigia e partiamo immediatamente per Torino, anche se è già buio.

Viaggiamo tutta la notte. Alla guida c'è Pippo Bergamini e, di fianco, Bruno Rocco, gli storici amici triestini di papà. Io e la mamma dietro, in silenzio, mute e spaventate. Un viaggio interminabile, senza notizie. Solo, ogni tanto, qualche ipotesi. Arrivati all'ospedale, attraversiamo di corsa i lunghissimi corridoi, illuminati da orrende luci al neon, per arrivare a una vetrata chiusa da una tenda veneziana verde, di plastica, che hanno alzato leggermente solo per farci vedere il letto dove sta papà. Ha la testa completamente fasciata, come una mummia. È pieno di fili, attaccati alle braccia e al petto, che finiscono in macchinari il cui rumore rende la notte ancora più angosciante.

All'alba iniziano ad arrivare tante persone, i miei zii, alcuni amici. Visi conosciuti, tra cui si mescola qualche curioso, tutti preoccupati e tesi. Io cerco di capirci qualcosa osservando e interpretando il movimento delle mani di mia madre. Sono frenetiche, indisciplinate, non stanno ferme un secondo. Allora, intuisco, la situazione è davvero grave. Lei è di pietra, muta, spersa. Arriva anche l'equipe medica che ha operato papà e, con parole semplici, spiegano quello che gli è successo.

Deve riposare, superare indenne i postumi dell'intervento e raggiungere i limiti dei parametri fissati come soglia di una possibile guarigione. Lui è la nostra roccia, il suo fisico potente lo aiuta a recuperare meglio di quanto i medici potessero sperare. I giorni che seguono, quindi, sono quasi euforici per il suo rientro a casa.

A ottobre, il clima è ancora accogliente, pieno di sole e di quel piacevole tepore che fa godere e assaporare ogni ora che passiamo insieme in giardino. Non ci era mai successo di trascorrere con lui intere giornate così. Lo penso sottovoce, ma questa convalescenza ha anche un risvolto positivo, a quanto pare. Sembra un marine americano appena tornato dalla guerra, ha la testa rasata con una visibile cicatrice ancora rosea, che parte dalla fronte e fa un giro completo del capo, e che lui nasconde sotto un berretto da baseball. «Non sembro Niki Lauda?» scherza, ridendoci su.

È magro, fragile, eccezionalmente indifeso in quell'inedito ruolo di «paziente». Deve osservare un periodo di assoluto e rigoroso riposo. Io e Amos lo riempiamo di carezze, baci, abbracci e attenzioni. Siamo così felici di averlo così tanto solo per noi. È davvero una gioia e, anche se poi non è andata come speravamo, siamo grati per quel tempo prezioso speso insieme. Anche se è durato soltanto un altro mese, è stato il mese più lungo di tutta la mia vita, perché non è mai finito. Ce l'ho ancora davanti agli occhi, nelle orecchie, nel cuore, guardandomi semplicemente attorno.

Gli ultimi due mesi di vita di mio padre sono stati i più belli che abbiamo mai passato insieme, i più ricchi, i più profondi. Da calciatore non c'era mai. A eccezione del mese di vacanza a Trieste, non potevamo mai trascorrere un fine settimana con lui, figuriamoci una settimana. Non in vacanza, ma a casa nostra, nel quadro di ordinaria quotidianità in cui si inanellano i giorni che compongono la vita. Ora, invece, è sempre con noi, tra il divano, il giardino e il suo balcone, dove seguo il suo sguardo col mio, perdendomi nell'orizzonte. Per me e mio fratello Amos è un regalo inatteso. Ogni giorno con papà, mattino, pomeriggio e sera. Ridiamo, scherziamo, facciamo i compiti, ce lo stracoccoliamo.

Poi, una notte, uno starnuto nel sonno rompe la vena a pochi centimetri dal punto già leso dal primo aneurisma, causandone un altro. Un semplice, innocuo, stupido starnuto e i miei ricordi si riempiono di suoni: l'ambulanza, le voci concitate dei paramedici, il respiro rantoloso di papà. Quello sovrasta progressivamente qualunque altro rumore nella mia memoria. La sirena si ottunde, il frastuono si fa brusio, flebile, sotto il ruggito del suo fiato che mi rimbomba ritmicamente nel cuore. Resta in coma ventidue interminabili giorni, da cui esce solo per andare a giocare nei prati del paradiso assieme ai suoi eroi, agli immortali: i giocatori del Grande Torino, quello su cui ha sognato fino alla tragedia di Superga.

Vivo ancora qui in quella casa, con mio marito Maurizio e i miei figli Giorgio e Simone. Mamma sta al piano di sotto e papà si muove in quegli stessi spazi, intrappolati nei fotogrammi più felici della mia esistenza. Lo rivedo passeggiare per le stanze e, soprattutto, nel suo angolo preferito: seduto sul bordo del balcone della sala da pranzo, la schiena appoggiata a una colonna. Nell'aria ci sono le note della sua canzone preferita, *My Way* di Frank Sinatra. Il vento si sta alzando e sposta il suo ciuffo di capelli ormai brizzolati, intravedo il suo viso abbronzato, su cui è comparsa qualche ruga che fa risaltare ancora di più i suoi occhi azzurri. Il corpo si è un po' appesantito, ma penso che abbia ancora un gran bel fisico, sportivo e muscoloso. Tra le mani la sua sigaretta Nazionale senza filtro, da cui si alza il fumo che gli forma una nuvoletta sulla testa, come quella dei fumetti, in cui si possono leggere i pensieri, mentre scruta l'orizzonte con gli occhi fissi sulla collina maledetta. Superga è a un passo. Papà guarda quella cima e rivive la storia, quella del Grande Torino e la sua. Lì dove una si è interrotta, l'altra è cominciata.

Bacigalupo, Ballarin, Maroso, Grezar, Rigamonti, Castigliano, Menti, Loik, Gabetto, Mazzola, Ossola. L'eco del Grande Torino è come la bora. Arriva forte, ma poi, se sei di Trieste, ti entra dentro e diventa quotidianità, abitudine, al punto che quando manca non sembra nemmeno di stare al solito posto. Papà, da bambino, non iniziava a giocare se prima non recitava a memoria la formazione della sua squadra. È come l'annuncio di uno spettacolo che sta per iniziare, il sipario che si apre sul gioco più bello del mondo. Aveva quattro anni quando buona parte degli uomini appena nominati vinsero il primo dei cinque scudetti consecutivi. Sarebbero stati addirittura sette, se la guerra non avesse sospeso il campionato per due anni.

È nonna Cristina a raccontarmi di quand'era piccolo ed è così coinvolgente che mi sembra di vederlo.

Lui desiderava un pallone, ma lei non poteva permettersi di comprarglielo, quindi si ingegnò per confezionarne uno: procurandosi del cotone pesante e della gommapiuma, scampoli di stoffa di tessuti, iniziò con amore a unirli e, stretti con ago e filo, riuscì ad assemblarli in una forma vagamente sferica. Ogni giorno, terminati i compiti, papà correva giù in cortile e con lui gli altri bambini del palazzo. Tutti a rincorrere quella palla, nella terra, in quel finto campo da calcio fatto da due sassi come porte o da un paio di maglioni.

Ciò che però inorgogliva maggiormente il piccolo Giorgio era la sua maglietta, granata, dietro la quale si era fatto cucire il suo numero preferito: l'8. Era un'applicazione dozzinale, i due cerchi che lo componevano avevano diametri differenti, non era simmetrico e tendeva leggermente verso un lato. Eppure aveva qualcosa di magico, come il mantello che trasforma Clark Kent in Superman: quel numero faceva diventare Giorgio un giocatore del Toro, donandogli anche, come superpotere, la resistenza a tagli ed escoriazioni. Aveva, infatti, un solo paio di scarpe. «Se le rompi» lo avvertiva nonna «vai a scuola scalzo.» Così, per paura di rovinarle, mio padre giocava scalzo, perché la sua passione per il calcio andava ben oltre.

Ci sono due modi di giocare a pallone: quello del divertimento allo stato puro, che si pratica negli oratori, ai giardinetti, nelle strade, nei prati, e quello che si fa nelle scuole calcio, dove al divertimento è indispensabile unire capacità, buona corsa, coordinazione e un po' di tecnica. Ci sono bambini che lo esercitano in entrambi i modi. Alcuni, poi, sanno aggiungere anche testa, polmoni, sacrificio, altruismo e cuore. Lui era questo.

Un pomeriggio, mentre lui e altri bambini giocavano a Trieste, felici e spensierati, la squadra del Torino si imbarcava sul Fiat G. 212, un aereo trimotore prodotto dall'azienda aeronautica Fiat Aviazione, per tornare in Italia il 4 maggio 1949, il giorno dopo l'amichevole a Lisbona con i portoghesi.

Il viaggio filò liscio come la partita di quei bambini, che, dopo varie ore insieme, si salutarono. Papà si avviò verso casa nel momento in cui l'aereo era in fase di atterraggio, a soli quindici chilometri dall'aeroporto. Il pilota non vedeva nulla, avvolto da una nebbia fitta e decisamente inconsueta per il periodo. Fu il controllore del traffico aereo a informare l'equipaggio delle pessime condizioni meteo: nubi in prossimità del suolo, rovesci di pioggia e raffiche di vento. Visibilità non superiore a quaranta metri. Sulla verticale di Pino Torinese, cioè esattamente sopra quel paese, il pilota impostò duecentonovanta gradi di prua, allineando l'aereo con la pista di atterraggio. Era convinto di trovarsi a quota duemila metri, perché era quanto rilevato dall'altimetro, il quale, però, si era bloccato su quel numero da diversi minuti. L'aereo, in realtà, stava volando a non più di seicento metri dal suolo. Poco più a nord di Pino Torinese c'è la basilica di Superga, sull'omonimo colle, a un'altezza di seicentosessantanove metri. Alle 17.03 il velivolo, eseguita la virata verso sinistra e iniziata la manovra di avvicinamento alla pista di atterraggio, trovò invece il terrapieno posteriore della basilica, a una velocità di centottanta chilometri orari.

Era sera quando la radio annunciò al mondo la tragedia. L'aereo che trasportava la squadra del Grande Torino si era schiantato. Nessuno dei trentun passeggeri si era salvato. Equipaggio, giornalisti e giocatori avevano perso la vita. Il Torino, il Grande Torino, non c'era più.

«Giorgio, Giorgio!» Un amico, che abitava al piano di sopra, aveva sentito la notizia e si era precipitato da lui per raccontargli quello che aveva appena sentito. Non ci credeva. Non era possibile. Non poteva scomparire un'intera squadra. Non poteva scomparire la SUA squadra. Si bevve le scale in pochi salti e scappò di corsa verso il lungomare, che percorse per ore, contemplando l'immensità dell'orizzonte, come se potesse trovarci delle risposte.

«Dov'è Giorgio?» chiese suo padre rientrato dal lavoro, non vedendolo in casa.

Nonna era sicura fosse ancora in cortile a giocare, lei stava allattando Brunetto e non si era resa conto che si era fatto quasi buio. Decisero allora di chiedere aiuto ai vicini e poi andarono a cercarlo tutti insieme. Nell'aprire la porta per uscire, però, se lo trovarono davanti, con la schiena curva e gli occhi rossi, ancora gonfi di lacrime. La rabbia di nonno si placò, il timore di nonna si dissolse in un abbraccio. Lo misero a letto senza aggiungere altro. Il mattino seguente, papà provò a descrivere il suo dolore e i suoi pensieri confusi, consolato dai genitori. Lo invitarono a non piangere, perché il Torino non era morto. «Sono morti degli uomini. Dei grandi uomini, ma grazie a loro il Toro vive e vivrà per sempre, finché ci sarà qualcuno che esulterà e piangerà con lui, gioirà e soffrirà per i suoi colori. Continua a giocare» gli suggerirono. Continuare a giocare era il solo modo per farlo vivere.

Giorgio si asciugò le lacrime, scese le scale senza neppure accorgersene e, tirando un respiro interrotto da un paio di singhiozzi, dimostrò di aver capito. Prese il pallone di pezza e si infilò la sua maglietta numero 8.

2
Le affido mio figlio. Ha solo quindici anni

Mio padre era figlio della guerra e delle sue privazioni. Ha convissuto col sacrificio, al punto da non recepirlo neppure come tale, e la sua storia trasuda ancora dalle pareti di questa casa, costruita allo stesso modo: con tutto il suo impegno e la sua attenzione, i suoi sforzi e i desideri.

Quando ci siamo entrati la prima volta, non c'erano neppure le finestre, tanto era ansioso di abitarci. Nel 1967 comprò il terreno, dopo essere stato rapito dal silenzio di questo angolo di mondo così vicino a Superga. Invitato a cena da un caro amico, Gianni Mori, che abitava proprio lì accanto, aveva trascorso la serata a guardare fuori da quel finestrone così grande che pareva uno schermo del cinema, molto simile a quello che ha voluto nel suo soggiorno. Da qui la città sembra un presepe, soprattutto la sera, quando risplende di migliaia di luci, puntini brillanti che viene voglia di unire per scoprire il disegno nascosto.

Decise subito che avrebbe vissuto qui, dove casualmente il destino lo aveva portato quella sera, perciò, dopo aver approvato il progetto disegnato secondo le sue direttive, commissionò i lavori per l'edificazione, terminati (quasi) due anni dopo. Era iniziata la primavera, mancavano ancora gli infissi, ma il desiderio di venirci ad abitare e il clima così benevolo ci permisero di entrarci ugualmente, in una soluzione a metà tra un castello e una tenda da campeggio.

Quando guardo attraverso la vetrata che dà sulle colline dell'astigiano, sorrido ancora, ricordando la prima volta che mi sono spinta oltre con lo sguardo, la prima volta che ho camminato su un pavimento messo insieme con pazienza, un mattone dopo l'altro, come i giorni su cui ha costruito la storia che lo ha portato qui, in questa squadra, in questa città, in questa casa, e che ripercorro nei racconti dei miei nonni.

Angelo Ferrini e Cristina Plesnar erano giovani, innamorati della vita, due anime belle e pure. Sempre allegri e pronti a fare baldoria, nonostante le bombe del secondo conflitto mondiale, le difficoltà, i grandi sacrifici e la povertà. Il dubbio che ogni giorno potesse essere l'ultimo ne faceva un regalo, che loro consumavano con gratitudine, specialmente da quando, la mattina del 18 agosto 1939, era arrivato quel fagottino biondo tra le loro braccia. Vivevano a

Servola, in via dei Giardini 50. Un quartiere popolare a circa tre chilometri dal centro di Trieste.

Le origini dei Ferrini sono romagnole, Sant'Arcangelo di Romagna, per l'esattezza, è il paese del nonno di papà. Erano arrivati tutti a Trieste con la Prima guerra mondiale in cerca di lavoro. Cinque fratelli: Alma, Gigi, Romano, Giordano e Angelo.

Nonno Angelo lavorava all'Ilva Italsider, fabbrica specializzata nella produzione di ghisa destinata al settore siderurgico e metalmeccanico. Quando manca tutto, i soldi di un operaio non sono mai abbastanza, così si procurava ulteriori guadagni risanando materassi e cuscini di lana, appoggiandosi al laboratorio di un amico tappezziere o lavorando direttamente nel cortile di qualche palazzo. Aveva un sorriso e una parola gentile per tutti i passanti, dietro la macchina da cucire, armato di un grande ago con la fettuccia che dava nuova vita ai giacigli di lana.

Anche nonna Cristina passava le giornate in fabbrica, con le mani immerse in enormi vasche piene di acidi, allo Spugnificio Rosenfeld, per produrre spugne di mare. La schiena perennemente curva non ne scalfiva il sorriso, né piegava la testa alta e fiera, segno distintivo delle donne giuliane.

Trieste non aveva padri, ma padroni. Prima le forze tedesche, poi quelle iugoslave e infine, prima di diventare italiana, quelle angloamericane. Il fragore delle esplosioni, accompagnato dalle sirene, imponeva l'immediato rifugio nelle cantine. Già un anno prima della nascita di Giorgio, la popolazione slovena di Trieste era oppressa dal fascismo. Nel discorso del 18 settembre 1938, Mussolini rivendicò le leggi razziali, approvate il successivo 6 ottobre, proprio nella città che ospitava una delle comunità ebraiche più attive sul piano economico e culturale. Sorse lì l'unico campo di sterminio italiano, la Risiera di San Sabba. Giorgio, già da piccolo, conobbe la paura e l'angoscia, conseguenza del rumore delle bombe che cadevano sulle case e del suono delle sirene che avvisavano di correre nei rifugi più vicini, nelle cantine. Conobbe la fame, attenuata dalla sua grande e precoce passione.

Terminata la guerra, la domenica andava allo stadio, ideando gli stratagemmi più creativi per non pagare. A volte aspettava uomini distinti, in giacca e cravatta, apparentemente irreprensibili, quindi tali da non destare sospetti e, quando ne trovava uno, gli si avvinghiava al braccio fino all'ingresso, dove si spacciava per un figlio. Una volta entrato, si separava dal suo temporaneo genitore adottivo per infilarsi nel posto più vicino al campo, in modo da poter osservare meglio Trevisan, Blason, Zorzin, Striuli e il loro allenatore, Nereo Rocco.

L'evoluzione umana, nel dopoguerra, ha saltato una fase, l'adolescenza. Si è passati dall'infanzia all'età adulta, dalla scuola elementare alla fabbrica, dalle matite colorate alla pressa idraulica. Giorgio, dopo la scuola, trovò impiego in una fabbrica di scarpe, al porto di Trieste, come spedizioniere. Al mattino partiva da casa prima che sorgesse il sole. Era ancora talmente stanco e assonnato che spesso si addormentava sulla corriera, arrivando così fino al capolinea, dove veniva svegliato dall'autista. A quel punto doveva tornare indietro, di corsa, per non arrivare in ritardo. Non ci metteva molto, perché aveva già ottime doti atletiche e un fisico che lo supportava egregiamente. Oltre alla corsa in fabbrica, nuotava molto in mare aperto, giocava a pallacanestro nella Servolana e, naturalmente, a calcio, nella terra polverosa, insieme agli amici.

Uno di questi, nell'agosto del 1952, gli fece una proposta allettante: «Perché non viene nel Ponziana? C'è il Torneo della Canicola, ti va di giocare?».

Il Ponziana era il secondo club della città, dopo la Triestina. A papà non importava tanto il livello societario, quanto la prospettiva di calciare un pallone vero, di cuoio, in una porta vera, con i pali e la traversa, correndo su un campo vero, delimitato da linee visibili, con un arbitro in carne e ossa, non idealizzato dalla voce di chiunque chiamasse un fallo nel cortile. Non se lo fece ripetere. Dopo averlo visto giocare, gli chiesero più volte l'età. Non ci credevano che avesse solo tredici anni. Un evidente divario fisico e tecnico lo distingueva da tutti gli altri.

Per il presidente fu facile notarlo e, per non farselo scappare, gli offrì il suo primo ingaggio: cinquanta lire. Lui tornò a casa scivolando su un tappeto di gioia, ma, giunto a tavola, sbatté contro la distaccata reazione dei suoi. Erano persone pragmatiche, lavoratrici. Sapevano che al mondo, soprattutto in quel mondo, nessuno ti regala niente e per andare avanti nella vita bisogna sgobbare. Giocare a calcio, come spiega l'etimologia del verbo, è, appunto, soltanto un gioco. Nulla di più entusiasmante di una battaglia con i soldatini o una pesca di sardine.

Non la pensava così, però, il suo fratellino Bruno, più piccolo di dieci anni, diventato subito il suo primo tifoso. «Che bello, che bello, Giorgio è un calciatore!» gridava felice saltando per la casa. Brunetto, così lo chiamava Giorgio, tutte le volte che lo sentiva al telefono gli diceva: «Mi manchi così tanto». Loro due, purtroppo, hanno vissuto insieme soltanto pochi anni, privandosi della complicità del quotidiano, ma non per questo del bene e della stima reciproca. Zio Bruno è cresciuto senza invidia verso il fratello e la lontananza ha soltanto rafforzato i loro sentimenti. So che non è stato assolutamente facile per entrambi.

Oltre a Bruno, anche figure più competenti ne ammiravano le doti. Allenatori delle varie categorie scoprirono in lui una pedina di raccordo fondamentale tra i reparti, dotato di un'intelligenza tattica fuori dal comune, tanto che dopo solo due anni, quando era ancora quindicenne, lo aggregarono alla prima squadra. Era facile distinguerlo ancora prima di scendere in campo. Il fisico era strutturato, ma i lineamenti erano delicati. I suoi occhi azzurri, sotto l'angelica chioma bionda, risaltavano sulla pelle ancora glabra, tanto da farlo sembrare il figlio di compagni baffuti e apparentemente già adulti. Quando l'arbitro fischiava l'inizio, però, erano i suoi piedi ad attirare l'attenzione, il suo senso della posizione, il dinamismo, la forza, la spiccata e prematura personalità. È questo che notò José Curti, un calciatore argentino a fine carriera, approdato dal River Plate alla Sampdoria e poi alla Triestina, passando dal Padova. In quegli anni lavorava come osservatore per il Torino e fu proprio alla gloriosa società piemontese, ai dirigenti Alberto Lievore e Umberto Motto, che segnalò quel biondino talentuoso.

«Lo trovammo molto più che interessante» raccontarono successivamente «tanto che decidemmo di muoverci subito, anche perché quel giovane era già seguito anche dalla Juventus e dall'Inter.»

Con il ruolo che gli competeva, Umberto Motto si attivò immediatamente per non farsi scappare quel promettente triestino o, almeno, per non lasciarlo alla concorrenza senza aver fatto il possibile per averlo, così salì in macchina con Antonio Forcone, allora segretario della società, e partirono per Trieste.

Umberto Motto aveva ancora diciotto anni nel

1949 e aveva appena messo piede nella rosa del Grande Torino. Era stato convocato e doveva partire per Lisbona con la squadra, ma a malincuore rinunciò perché era impegnato nella sua scuola di ragioneria. Il destino è stato benevolo con lui, ma lo segnerà per sempre, perché Umberto perde tutti i suoi compagni di squadra e, soprattutto, tutti i suoi amici. A seguito della grave tragedia, diventò automaticamente il capitano, il primo della nuova era, quello che rappresentò l'anello di congiunzione con la leggenda e poi con il futuro, lavorando da dirigente.

Si presentarono a casa Ferrini, dove Angelo e Cristina li accolsero in soggiorno, lasciandoli parlare. Conoscendo la nonna, sicuramente avrà offerto loro un buon caffè, fatto con la sua moka, e le ciliegie raccolte dal nonno nella sua campagna e messe sotto spirito, di cui andava particolarmente orgogliosa.

Torino, calcio, carriera, denaro. Come fanno termini così incompatibili, nella sua concezione della vita e del lavoro, a stare nella stessa frase? Il nonno era stupito e diffidente. Non aveva alcuna intenzione di lasciar partire un figlio così giovane per andare a giocare a pallone. Lì aveva un lavoro, cosa avrebbe fatto se non fosse «arrivato» in società, come promettevano quei due signori, o, peggio, se avesse avuto un brutto infortunio?

«No, non se ne parla» rispose.

Nonna, però, lo invitò a riflettere: «Concediamogli questa grande opportunità». Lei, così, non soltanto fu determinante nel convincere il nonno a dare l'assenso, ma impose anche la *conditio sine qua non*: «Non lo fate solo giocare a pallone. Voi gli insegnate un mestiere vero e gli date un lavoro, un lavoro vero!».

Motto rassicurò Angelo e gli strinse la mano a garanzia, senza riuscire a staccarla subito. Il signor Ferrini aveva ancora qualcosa da dirgli: «Le affido mio figlio. Ha solo quindici anni. Ora lei ne è responsabile come un padre».

«Glielo prometto» si impegnò il dirigente, guardandolo dritto negli occhi.

La famiglia Motto aveva uno storico maglificio, un'eccellenza dell'imprenditoria nazionale, lo stabilimento era in corso Brescia 86 in quello che oggi è diventato il quartier generale della Robe di Kappa, e garantì che lo avrebbe assunto. Spedizioni, francobolli, lettere d'archiviare. Avrebbe iniziato così. Il mattino in azienda e il pomeriggio al Fila.

I miei nonni si guardarono e concordarono con la domanda espressa all'unisono: «Cos'è il Fila?».

3
Il Fila

L'erba è diversa, ma il profumo è lo stesso. È il pomeriggio del 24 maggio del 2017 e sono ancora su questo campo, intriso di storia e di gloria. Inaugurato nel 1926, ha ospitato le partite casalinghe del Grande Torino e del Toro fino al 1963. L'ultimo gol l'ha segnato Enzo Bearzot. Poi è stato per trent'anni il centro sportivo dove la prima squadra e la primavera si allenavano, per poi essere demolito e ora, finalmente, ricostruito.

Mi piego per toccare il prato con le dita, lo accarezzo, facendo scorrere la mano sul passato, e confondo le gocce di rugiada col sudore di papà. Quanti pomeriggi ho trascorso qui, che ricordi meravigliosi. Ero già eccitata al pensiero di arrivarci, quando vedevo mio padre fuori da scuola. Anzi, in realtà non lo vedevo affatto, ne deducevo la presenza. Suonata la campanella, se scorgevo un capannello di gente sul piazzale della scuola di Pino Torinese, capivo che era venuto a prendermi. Lì in mezzo c'era lui, a firmare autografi e parlare con le persone che lo accerchiavano affettuosamente.

Facevamo una tappa veloce a casa, per mangiare, e poi mi portava con lui al Fila, per l'allenamento.

Mi siedo su uno di questi seggiolini. Ce ne sono quattromila, non più in legno, ma con un design moderno e anatomico. Sono granata, ognuno ha attaccato sullo schienale una targhetta dorata dedicata. Tutto è nuovo come l'aria che si respira, ma per me di nuovo c'è solo l'antico, come scriveva Giovanni Pascoli, ed è lì che sprofondo con la memoria e con gli occhi, immersi in quelle immagini. Papà che ride e scherza con i suoi compagni, poi lo vedo concentrato, sfinito dalla stanchezza, sudato e sporco, poi esce dalle docce sorridente e rinfrancato, per cercarmi e dirmi che è ora di andare a casa.

«Tanto domani torniamo» mi rassicurava. E domani, in effetti, torniamo.

Io sono sulle gradinate, con i quaderni aperti sulle pagine dei compiti svolti a rilento, perché ho un orecchio teso ad ascoltare le battute che arrivano dal campo. Quando fa freddo mi rifugio dalla signora Franca, una sorta di «perpetua granata». Si prende cura della squadra, come una buona governante, occupandosi delle divise e di tutto ciò che ruota attorno all'organizzazione di uno spogliatoio, assieme a Brunetto e a Toni. Loro tre, insieme, sono «la logistica», il dietro le quinte. Con il loro scrupoloso lavoro si assicurano che tutto funzioni nei dettagli. I ragazzi del Toro gliene sono molto grati e affezionati.

Ogni occasione è buona per infilarmi negli spogliatoi, dove mi accolgono con grandi sorrisi. Voglio essere utile anch'io, così, in quelle stanze irreprensibilmente ordinate, la signora Franca mi insegna a scucire i numeri dietro le maglie di lana prima di metterle a lavare, per poi, una volta stese e asciutte, ricucirle con attenzione e precisione. Dopodiché è il momento di rammendare e piegare i pantaloncini e i calzettoni. Prepariamo insieme il tè caldo che conforterà i calciatori dopo la seduta di allenamento e che, intanto, scalda noi.

Da una stanza più lontano arriva un forte odore di mentolo. È il massaggiatore Colla che spalma l'olio canforato, con gran forza, sulle gambe dei ragazzi. Qualche volta viene anche mio fratello, anzi veniva. Non vuole tornarci, perché Pulici, Castellini o Cereser gli fanno gli scherzi. «Amos» lo chiamano «vieni a vedere.» Lo attirano nelle docce e poi lo spingono sotto l'acqua fredda oppure lo prendono e fanno finta di fargli un gesso alla gamba, un'iniezione, o lo fanno correre dietro la palla verso la rete ma, quando finalmente è il momento di segnare, lo sollevano e lo spostano – ovvio che per lui non è un'esperienza divertente venire al Fila. Lui piagnucola e va a chiedere protezione a Toni, che lo accoglie in un abbraccio affettuoso.

Il Fila oggi è tornato a vivere, il tempio della memoria granata: è stato sicuramente la vera casa di mio padre e anche io nutro un rispetto sacrale per questo luogo.

Sono sempre stata una tifosa del Toro, sfegatata. Nella mia cameretta c'erano i poster di Pulici e quello di Cereser autografati e con la dedica «a Cristiana biondina tremenda». Poi avevo la foto di Ferrini, il capitano. Per me il «papitano».

Papi era il mio idolo. Era come ascoltare le canzoni di Baglioni e poi trovarselo a casa, a rimboccarti le coperte, a darti il bacio della buona notte, a tenerti sulle ginocchia o a portarti a spasso sopra le sue spalle, come era sua abitudine, con le mani strette alle mie per farmi stare al sicuro. E mi sentivo sempre al sicuro quando le mie mani erano nelle sue.

Ci parlava anche con quelle mani, perché aveva poche parole, ma gesticolava molto. Stava fermo solo nelle figurine che la Panini gli inviava a casa in un unico rotolo. I miei compagni compravano i pacchetti in edicola, io avevo tutte le figurine dell'album, ma su un lunghissimo foglio arrotolato. Mi impegnavo a ritagliarle rispettando i margini e, quando arrivavo ai giocatori del Toro, la concentrazione era massima, come quella di un chirurgo attento a non sbagliare di un millimetro.

«Celo, celo, manca» dicevano gli amici, scambiandosele.

«Celo, celo, celo» intervenivo io, che le avevo tutte, con un sorriso furbo.

Anche oggi, nel mio paradiso, la nostra casa, sfoglio con la memoria quegli album. Appoggiata alla colonna, come faceva lui, le passo in rassegna guardando in alto per metterle a fuoco: «Celo, celo, celo». Ecco, ora lo vedo bene. Com'è che diceva Pascoli? «*C'è qualcosa di nuovo oggi nel sole, anzi d'antico.*»

«Hai appena quindici anni» pensava nonna mentre gli preparava la valigia. La riempiva non di vestiti, che erano ben pochi, ma di mille raccomandazioni. Ci infilava tutto l'amore e l'orgoglio che provava per il suo ragazzo, sperando che fosse abbastanza da confortarlo in quella nuova e precoce esperienza. Stava per andare lontano da loro, dagli amici, da Servola, dalla bora che trascina, assieme al freddo, il profumo del mare.

Me l'ha raccontato così tante volte che posso ripetere la storia a memoria, rispettandone il tono, gli accenti, le pause e, in effetti, è quello che ho fatto con i miei figli, anche se ci hanno messo un bel po' a chiedermi di parlargliene, finché un giorno, in macchina, tornando a casa dagli allenamenti di calcio, mi sorpresero: «Mamma, ci racconti qualcosa di lui?».

Simone, il più piccolo, motivò sottovoce la sua curiosità: «Mi ha detto la maestra che il nonno è caduto con l'aereo su Superga».

Le maestre hanno spesso ragione, ma non in quel caso. Gli spiegai cosa faceva il nonno, quando, a dieci anni, visse a distanza quella tragedia, e come questa fu determinante a suscitare in lui il desiderio e l'ambizione di raccoglierne l'eredità.

«E poi cos'è successo?» mi domanda Giorgino «quando è arrivato per la prima volta a Torino?»

Speravo me lo chiedessero. Era da tempo che aspettavo. Non vedevo l'ora di condividere le mie radici con loro. Non vedevo l'ora di fargli sapere chi era e cosa aveva fatto il nonno, Giorgio Ferrini.

«Tremava dall'emozione quando si avvicinò allo stadio Filadelfia, il tempio del Grande Torino, per il suo primo allenamento. Da quel momento, ogni volta che varcava quel cancello, si è sempre sentito un ragazzo fortunato. Su quel campo c'erano le impronte dei suoi eroi. Ogni centimetro parlava di loro, si respirava la magia e la sacralità di ciò che il tempo non avrebbe mai potuto cancellare.

Tutte le mattine, nonno andava a lavorare al Maglificio Motto. Poi andava a mangiare a casa di Motto, con la sua famiglia. Umberto Motto mantenne la promessa fatta al vostro bisnonno e lo accudì come fosse suo figlio.»

«Era un ragazzo splendido e molto educato anche se estremamente timido» raccontava «non mi ha mai dato la minima preoccupazione e non è stato per niente difficile volergli subito bene.»

Al pomeriggio allenamento e la sera si ritrovava con i compagni di squadra, quelli che come lui erano lontano da casa, nella pensione di via Massena 10. Sopperivano alle rispettive mancanze insieme, fortificandosi l'un l'altro. Vieri, Cancian, Crippa, Castelletti, Fogli, Prato divennero rapidamente i suoi più grandi amici e, dove non arrivavano loro, per ovvia inesperienza, c'era il Don. Don Francesco Ferraudo, classe 1915, il cappellano del Torino, predicatore domenicano, un prete rivoluzionario, controcorrente, di cultura elevata, diretto e sincero, molto più di un padre spirituale. Massaggiava l'anima, sì, ma era un riferimento assolutamente concreto.

Lui e i suoi compagni trovarono anche un'amica, una mamma adottiva: la signora Fausta Gambino, donna forte, partigiana, proprietaria di una pellicceria in corso Vittorio Emanuele, all'angolo della via in cui si trovava il loro pensionato. Era una grandissima tifosa granata e aveva una spiccata simpatia per tutti i giovani che indossavano quella maglia e che, se lo sentiva, sarebbero diventati il futuro di quei colori. Non aveva mai avuto la gioia di poter diventare madre, quindi li prendeva tutti sotto la propria ala materna, fino al momento in cui sarebbero stati in grado di spiccare il volo da soli.

A volte, per scoprire di saper volare, è necessario cadere, piombare verso il basso, cosa che è successa nel 1959. Papà aveva iniziato a mettere piede nella prima squadra, ma fu una pessima stagione, da incubo, perché si passò dai fasti della leggenda alla prima retrocessione nella storia del club.

La società cambiò nome, in virtù di accordi commerciali con un'azienda dolciaria inseritasi nella nuova denominazione dell'Associazione Calcio Talmone Torino, probabilmente per rendere meno amaro il passaggio nella serie minore, e, mentre disputava il campionato di B, mandò in prestito le sue giovani promesse. Giorgio andò al Varese, assieme a Fogli, in Serie C.

Qui poté giocare con continuità ed ebbe quindi la possibilità di mostrare il proprio valore. Pieno di energie, in un ambiente sereno, contribuì in modo determinante alla salvezza della squadra, mettendo a segno dieci gol, anzi undici, perché ne fece un altro, il più bello e importante, fuori dal campo.

4
Il Bar delle grandi speranze

Al Bar Firenze c'è l'aria piena di Battisti, che si espande dal jukebox. «*Tu chiamale se vuoi emozioni.*» Sembra rivolgersi direttamente alla cassiera, Mariuccia, una ragazza della Valsugana di passaggio nella città lombarda. È nata a Grigno, in Trentino, da cui è andata via, in cerca di opportunità professionali che il piccolo paese montano non offre e che spera di trovare a Varese, partendo dall'attività commerciale dei suoi zii materni. Ha sedici anni, è alta, solare e spigliatissima, ambiziosa e vanitosa, accende il locale come un fiammifero, a cui è affine nel colore della chioma, un rosso mogano che circola tra i tavoli come una lucciola nelle notti d'estate.

Riscuote attenzioni e complimenti dai tanti clienti e dagli atleti, calciatori per la precisione, che trascorrono ore di libertà tra il biliardo e le carte. La sede del Varese Calcio, infatti, si trova al primo piano dello stesso locale, quindi i giocatori sono di stanza lì, tra bicchieri pieni e posaceneri da svuotare, del tutto lecitamente. Il centro decisionale di una società sportiva è in coabitazione con un bar. Per andare a discutere col presidente o firmare i contratti, bisogna attraversare nuvole di fumo, fendendo il vociare di avventori spesso ebbri. Roba d'altri tempi, più facile da trovare nelle pagine di un romanzo di Hemingway che nella memoria degli addetti ai lavori.

Dalla sua postazione, nel rumore metallico dei tasti digitati per battere gli scontrini, mescolato al *plin plin* echeggiante che accompagna l'apertura del cassetto, Mariuccia nota un ragazzo biondo, col viso buono, anche se un po' martoriato dall'acne giovanile. Sono in molti a farle la corte, ma è su di lui che si posano i suoi occhi e il suo interesse. Per il bell'aspetto, certo, ma anche, forse, per quella timidezza incompatibile con la professione e il rilievo sociale che implica e, per questo, fascinosamente misteriosa.

«Ciao, Ferrini» lo salutano i compagni, mentre lui fila al piano di sopra guardando verso il basso.

Un giorno, due, dieci. Ogni volta la stessa scena: si apre la porta, gli occhi di Mariuccia lo perquisiscono in attesa di uno scambio, ma niente, lui si fionda di sopra, finché la ragazza scopre che Giorgio, qualche volta, la testa la alza, anche se nella direzione opposta alla cassa. Guarda verso uno specchio che riflette quella ragazza, così può osservarla con discrezione.

È molto insicuro, le imperfezioni cutanee minano la sua autostima.

Non sa che lei, invece, se lo sogna di notte. I suoi pensieri sono popolati dall'unico ragazzo che non se la fila per niente o, almeno, così vuol fare credere. «Mariuccia» le confida Giancarlo Prato, un compagno del Varese «tu piaci molto a Giorgio. Gli piaci da morire, me l'ha detto lui.»

«E allora perché non si muove?»

La fine del campionato si avvicina e, visto il suo ottimo rendimento, è certo che il Torino lo rivorrà indietro. Deve agire in fretta e si affida alla sua intraprendenza e all'aiuto di suo fratello Gino. Organizza una festa a casa di un amico, il 4 marzo 1959. Vengono tutti i giocatori, assieme a fidanzate e mogli. L'unico spaiato è Giorgio, che trascorre tutto il pomeriggio in silenzio, mettendo i dischi. Mariuccia prende l'iniziativa e gli si avvicina, provocandolo: «Ma basta con 'sti pezzi lenti. Dai, metti qualcosa di più allegro».

Paul Anka è una buona scelta per ballare ed è lei a invitarlo. Quando la timidezza sta per dissolversi, però, arriva la sorellina di Mariuccia, Sandra, mandata dai genitori per imporle di tornare a casa. La piccola, che ha solo dieci anni, vedendola abbracciata a quel ragazzo, avanza le sue perplessità: «Ma con tutti i bei ragazzi che ci sono qui, ti sei andata a mettere proprio col più brutto?». Giorgio sente e ci resta malissimo.

Mariuccia deve ricominciare da capo e impiega

non poco tempo e fatica per riattaccare bottone. Lui continua a entrare e uscire dal bar a capo chino. Allora lei sfodera l'audace colpo di genio, colpirlo sull'unico argomento a cui non sa resistere, il calcio: «Senti, tu…».

«Io?» si stupisce lui, alzando la testa nella sua direzione.

«Sì, tu» prosegue lei «ma com'è che ti fai sempre squalificare e non segni mai?»

Mariuccia non capiva assolutamente niente di calcio. Ha carpito qualche commento dai giornali e li ha ordinati in un'efficace provocazione che suscita la sua reazione: «Prima di parlare di calcio, perché non vieni a vedermi?».

La trentina coglie la palla al balzo e, per la prima volta in vita sua, assiste a una partita, durante la quale il centrocampista del Varese gioca benissimo e segna pure. Da lì in avanti, disputa ogni gara come fosse una finale, motivato dalla sua presenza in tribuna, che perlustra con lo sguardo, dal campo, finché non la trova a tifare ed esultare per lui. Prima dell'ultima giornata, Giorgio telefona al signor Motto, che lo aspetta a Torino perché la società granata rivuole il suo giovane talento.

«Umberto» gli rivela «ho trovato la fidanzata. Sento che diventerà mia moglie. Qui a Varese sto molto bene, non so se tornerò. Non so se ci sarà ancora spazio per me al Torino.»

Un predicatore domenicano diceva: «Un prete dev'essere contemporaneamente piccolo e grande, nobile di spirito come di sangue reale, semplice e naturale come di ceppo contadino, un eroe nella conquista di sé, un uomo che si è battuto con Dio, una sorgente di santificazione, un peccatore che Dio ha perdonato, dei suoi desideri il sovrano, un servitore per i timidi e i deboli, che non s'abbassa davanti ai potenti ma si curva davanti ai poveri, discepolo del suo Signore, capo del suo gregge, un mendicante dalle mani largamente aperte, un portatore di innumerevoli doni, un uomo sul campo di battaglia, una madre per confortare i malati, con la saggezza dell'età e la fiducia di un bambino, teso verso l'alto, i piedi sulla terra, fatto per la gioia, esperto del soffrire, lontano da ogni invidia, lungimirante, che parla con semplicità e franchezza, amico della pace, un nemico dell'inerzia, fedele per sempre... Così differente da me!».

Don Francesco era così e amava mio padre.

«Tuo papà era un grande uomo.»

Me lo ripeteva spesso il don, che l'ha visto crescere. Gli è stato accanto da quando aveva quindici anni, fino all'ultimo saluto. Mi parlava sempre di papà e, quando non lo faceva ma mi guardava, i silenzi e gli occhi parlavano per lui.

«Tuo padre» mi raccontava «era concreto, generoso, leale. Sapeva dare, era una persona equilibrata, da cui prendere esempio.»

Era un prete molto aperto di vedute. Dopo il signor Motto, che ha accolto Giorgio come un figlio, don Francesco era il suo secondo padre, quello spirituale. Tra i ragazzi era il suo preferito, ma non poteva farlo vedere agli altri. Papà diceva sempre che don Francesco era il suo genitore adottivo di Torino. Qualunque cosa gli venisse in mente, lo chiamava e si confrontava con lui.

I ragazzi del Toro, a metà degli anni Cinquanta, andavano a mangiare in una trattoria in via San Secondo, vicino al loro pensionato. Talvolta, però, il don ne prendeva sei o sette e se li portava al suo paese, Vigone, vicino Pinerolo, per pranzare con loro. Voleva molto bene a tutti i suoi giovani calciatori. C'è stato fino al '98. È morto pochi giorni dopo il mio matrimonio, che avrebbe dovuto celebrare, ma non stava bene già da un po' e il mattino delle nozze mi ha chiamato, dispiaciuto, dicendo di essere costretto a rinunciare. Mi ha però rassicurata sul fatto che all'altare non sarei comunque stata da sola. Avrei avuto accanto il mio angelo custode e le sue preghiere.

Fu lui a battezzare me e mio fratello, fu lui a celebrare il matrimonio dei miei genitori, fu lui, nel cortile del Filadelfia, sotto un diluvio universale, piegato dal dolore e con un filo di voce, a salutare quel suo figlio speciale. Fu lui, la mattina dell'8 novembre, a prendermi per mano e poi, guardandomi fisso negli occhi, dirmi che non dovevamo piangere, che dovevamo essere forti insieme e che Dio a volte è distratto, molto distratto, e fa anche Lui dei grandi errori. Mi ha detto che avevo ragione a essere tremendamente incavolata con Dio, lo era anche lui, perché non ha ascoltato le nostre preghiere e se lo è portato via. Avevamo ancora così tanto da darci.

Io avevo dodici anni, ma quel giorno avevo già capito tutto prima che si avvicinasse a me. Erano passate settimane con papà in coma, nelle quali ogni attimo era scandito dall'attesa che il telefono di casa squillasse, sperando in qualche buona notizia. In quei giorni in cui tutto era totalmente sospeso, cercavo di sfuggire alla realtà, sentivo la musica a volume altissimo. Avevo con me le mie più care amiche, Titti, Antonella e Piera, le due Cristina. Ognuna, a modo suo, cercava di farmi ridere e distrarre, tutte dedite a non lasciarmi mai sola. Sono state meravigliose e preziose. Anche loro hanno vissuto indirettamente il dolore del lutto e io, ancora oggi, le considero le sorelle con cui dividere tutto. Perché, quando si vive e condivide così presto un dolore tanto grande, si resta unite per sempre, come un sodalizio, nella buona e nella cattiva sorte. Noi siamo questo e quando c'è bisogno ci siamo e ci saremo sempre le une per le altre.

Papà era in sala di rianimazione; Domenico Marini, infermiere specializzato in quel reparto, si era affezionato a lui, a noi. Ricordo che ci aveva chiesto di registrare su una cassetta le nostre voci per fargliele ascoltare, per tenergli compagnia e fargli sentire che gli eravamo vicini. Amos non sapeva cosa dirgli, la sua vocina si incrinava ogni volta che schiacciavo il tasto rec, così decise di mettere su quel nastro l'inno del Toro. Chissà se lo avrà sentito.

Negli anni successivi la morte di mio padre, sono stata spesso a trovare il don, qualche volta a casa sua in Lungo Dora, dove viveva con sua sorella Rosa, altre volte nella sua parrocchia di Moncalieri e, negli ultimi suoi anni, in quella di corso Belgio.

In sacrestia, dopo la messa, sempre stringendomi le mani e guardandomi dritto negli occhi come allora, ha cercato di raccontarmi di Giorgio, della meravigliosa amicizia che li univa, delle avventure che hanno vissuto e condiviso insieme, di quanto rispetto e affetto particolare ci fossero tra loro, di quante domande mio papà gli facesse sull'esistenza e sulle ingiustizie, delle sue donazioni verso i bisognosi perché si sentiva grato alla vita, di quanto amore avesse per noi figli. Mi ha sempre fatto presente che la vita mi aveva tolto tanto ma che con me è stata infinitamente generosa.

Yacht, relax al sole in dolce e avvenente compagnia, notti in discoteca con la pelle abbronzata e una bottiglia di champagne nel secchiello pieno di ghiaccio. Così, oggi, viene descritta dai gossip l'estate dei giovani calciatori. Un ragazzo di vent'anni, che già guadagna più di quanto mai potrebbe percepire un impiegato o un operaio in sei o sette vite, diventa l'emblema della massima ambizione giovanile, un esempio per tutti quei calciatori in erba accecati solo dal bagliore di un successo spesso effimero.

Ogni tanto mi faccio una domanda: «Fare il calciatore sarebbe comunque il sogno di un bambino se avesse vissuto il calcio negli anni Cinquanta e Sessanta? Perché, in quel calcio, l'estate di un calciatore era un tantino diversa. Piena di campagne. No, non è un refuso, non manca una H: campagne, non champagne. Grandi appezzamenti di terra di proprietà di un dirigente del Torino.

I giovani, prima dell'inizio del campionato, venivano mandati lì a lavorare. Anche papà passò parte delle sue vacanze del 1959 impegnato nella mietitura nelle campagne piemontesi. Non so se servisse a forgiare il carattere o ad apprezzare i privilegi di una professione come quella del calciatore, ma, se così fosse, mio padre non ne aveva certo bisogno. Quando cresci con un solo paio di scarpe, non ti serve un periodo di lavoro duro nei campi per capire che sei fortunato se ti pagano per giocare a calcio. Lui ne era più che consapevole e per questo quotidianamente grato. Non solo perché aveva fatto di uno sport la sua professione, ma perché ciò accadde nella squadra che amava e quell'estate, malgrado le balle di fieno da trasportare e la sua fidanzata lontano, era comunque entusiasta di essere tornato nel suo sogno. Aveva vissuto il prestito con sconforto, quasi come una punizione. Si era impegnato più che poteva per dimostrare che era degno di quella squadra e aveva così conquistato il riscatto.

Nella sua prima stagione (1959/60, Serie B) dovette guadagnarsi il posto di titolare, in ballottaggio con Mazzero. Alla sua seconda presenza, la prima al Filadelfia, segnò anche il suo primo gol, nel 5 a 0 contro il Cagliari. Disputò trentotto partite, dimostrandosi fondamentale nell'economia del gioco granata, e diede un grosso contributo alla promozione.

Il 25 settembre 1960, contro la Sampdoria, fece il suo esordio in Serie A, anche se con una sconfitta. In campionato fu il giocatore più impiegato, assieme al compagno Lancioni, e venne anche convocato nella Nazionale olimpica, prima, e nell'Under 23, poi. Il 18 dicembre, contro il Lecco, segnò il suo primo gol in Serie A, forse ansioso di passare qualche giorno di vacanza, per Natale, con la sua Mariuccia, che lo aspettava a Varese. La raggiungeva filando via subito dopo la partita della domenica, per non perdere neanche un minuto delle trentasei ore di permesso che aveva a disposizione. I viaggi a Varese in macchina erano epici. Lui, Albrigi, gli allenatori Santos e Fabbri, tutti e quattro, spesso immersi nella nebbia, tenevano i finestrini della Fiat 600 abbassati e la testa fuori per farsi strada.

L'anno dopo, gli impegni si infittirono e la frequenza degli incontri si diradò molto.

«Mariuccia» le dicevano «Giorgio è sempre lontano, continua a crescere a livello professionale. Prima o poi ti lascerà. La vostra storia non potrà che finire.»

Lei non ci ha mai creduto. Sapeva di cos'era fatto quell'amore, ma era giunto il momento di sposarsi e andare a vivere insieme (all'epoca si usava così, la convivenza non era certo all'ordine del giorno). Fissata la data, il matrimonio dei sogni fu davvero agognato, perché Giorgio fu impegnato fino a pochissimi giorni prima, su vari fronti. Oltre a essere il più presente della sua squadra in campionato, esordì infatti nella Nazionale maggiore, il 13 maggio 1962, contro il Belgio, e fu convocato tra gli Azzurri per i Mondiali del Cile che iniziarono alla fine dello stesso mese.

Il 2 giugno, per il secondo turno del girone eliminatorio, fu titolare contro i padroni di casa. Definirla una partita ad alto livello agonistico è ben più di un eufemismo. La gara, infatti, passò addirittura alla storia come «la battaglia di Santiago», uno degli incontri più violenti nella storia del calcio. Nei giorni precedenti, i giornalisti italiani avevano infiammato gli animi dei sudamericani, definendo il loro Paese arretrato e povero. Questo scatenò un clima di forte tensione che coinvolse anche i ventidue giocatori in campo. Passarono solo pochi secondi dal fischio di inizio che l'arbitro si vide costretto a sanzionare falli già durissimi. Papà non era affatto uno che si risparmiava, anzi. Non era uno che si piangeva addosso o si lamentava. Se prendeva un colpo rispondeva, sapeva difendersi e difendere la sua squadra. In mezzo a quella bolgia, dove il pallone era l'ultima cosa che i cileni intendevano colpire, reagì allo stesso modo e venne espulso. Tutto questo dopo soli otto minuti.

La carica agonistica era così alta che papà si rifiutò di lasciare il campo. Dovette intervenire la polizia, che lo scortò fuori. Conoscendolo, sono convinta che non sia stata insubordinazione al direttore di gara, ma un equivoco. Allora, infatti, l'arbitro comunicava ammonizioni ed espulsioni a voce. I cartellini gialli e rossi furono adottati solo otto anni più tardi, inventati, tra l'altro, dallo stesso fischietto di quella partita, l'inglese Ken Aston. «Vuoi vedere» mi sono domandata con ironia «che fu proprio per quell'episodio che si avvertì il bisogno di una comunicazione più efficace sul campo?»

Fu un Mondiale da dimenticare per l'Italia, che venne accolta in patria da una bordata di critiche. C'era però qualcuno che attendeva a braccia aperte il feroce centrocampista della battaglia di Santiago. Mariuccia bramava il suo sposo e l'ultimo venerdì di giugno, di bianco vestita, si recò al Santuario del Sacro Monte, a Varese, per coronare il suo sogno d'amore. Giorgio l'aspettava sull'altare. Nonna Fanny le aveva preparato la valigia con la stessa premura usata quando, a quindici anni, l'adorata nipote aveva lasciato la famiglia per trasferirsi a Varese.

Mamma aveva curato tutto nei minimi dettagli. I parenti e gli amici erano arrivati da ogni parte d'Italia.

«Puoi baciare la sposa» decretò don Francesco, facendo scrosciare gli applausi, anche autorevoli. Furono molte le personalità coinvolte. Alcune a distanza, come il presidente del Consiglio Giulio Andreotti, che concesse a papà una licenza matrimoniale straordinaria di dodici giorni. Lo sposo, infatti, era in quel periodo anche una leva militare e senza l'intervento del premier non avrebbe potuto andare in viaggio di nozze.

Così, marito e moglie, mamma e papà, partirono per la loro luna di miele, in due tappe. La prima a Lignano Sabbiadoro, ospiti di un compagno di squadra. Enzo Bearzot, capitano del Torino e futuro CT della Nazionale campione del mondo, era anche proprietario di un hotel in quella località di mare e invitò i coniugi Ferrini a soggiornare nella sua struttura. La meta della seconda parte del viaggio, invece, era il posto più bello del mondo. Un paese tropicale? Macché. Per papà nessun angolo della Terra reggeva il confronto con la sua Trieste.

5
Trieste

Ho attraversato tutta la città.
Poi ho salito un'erta,
popolosa in principio, in là deserta,
chiusa da un muricciolo:
un cantuccio in cui solo
siedo; e mi pare che dove esso termina
termini la città.
Trieste ha una scontrosa
grazia. Se piace,
è come un ragazzaccio aspro e vivace,
con gli occhi azzurri e mani troppo grandi
per regalare un fiore;
come un amore
con gelosia.
Da quest'erta ogni chiesa, ogni sua via
scopro, se mena all'ingombrata spiaggia,
o alla collina cui, sulla sassosa
cima, una casa, l'ultima, s'aggrappa
intorno

circola ad ogni cosa
un'aria strana, un'aria tormentosa,
l'aria natia.
La mia città che in ogni parte è viva,
ha il cantuccio a me fatto, alla mia vita
pensosa e schiva.

Quanto ha ragione Umberto Saba. A Trieste si respira un'aria strana, un'aria tormentosa. È un'aria natia. Io non sono venuta al mondo qui, ma mio padre sì e lui è un pezzo di me, il pezzo più importante, perché senza di lui non solo non ci sarei stata, ma non sarei stata così. Trieste, quanto Torino, è la mia città.

Questa striscia di terra di confine tra roccia carsica e il mare Adriatico è così ricca di storia e di bellezza da togliere il fiato. Imponente, austera e severa, ma compensata dall'allegria del carattere socievole e «baldorioso» dei triestini. Trieste è elegante e sontuosa, è la città dei caffè, degli scrittori e dei poeti, dei monumentali palazzi bianchi che si riflettono nel mare blu, è la città della bora, quel vento così forte che, se non ti tieni stretto ai corrimani nelle vie, voli via. Trieste ti entra nel sangue e, se vivi lontano da lei, vivi con una perenne nostalgia. Mio papà, che è figlio di quel vento e di quel mare, questa sensazione l'ha sempre sentita. Qui ho i ricordi più spensierati della mia infanzia.

Ogni volta che percorro l'autostrada Torino-Venezia-Trieste, prendo l'uscita Sistiana. Sempre. Lo faccio d'istinto. Potrei guidare bendata e mi troverei comunque a mettere la freccia e svoltare lì, perché così faceva papà. Si allunga il tragitto, ma la strada statale per Barcola (la Costiera) annuncia che Trieste è vicina. Oggi come allora, si pratica il rito che precede l'arrivo.

«Ragazzi» diceva mio padre «tirate giù i finestrini e respirate a pieni polmoni l'aria del mare.»

«Ragazzi» dico ai miei figli «tirate giù i finestrini e respirate a pieni polmoni l'aria del mare.»

Quando viaggio da sola, l'effetto è duplice. Nella mente sento la mia voce che, ormai automaticamente, come quella del navigatore che annuncia la destinazione, si rivolge ai miei figli, anche se non sono sul sedile posteriore. Nel cuore sento quella di mio padre. Era ed è il nostro saluto felice alla città, il nostro benvenuto alle vacanze e all'estate.

La casa dei nonni era in via Soncini, un appartamento tradizionale, al secondo piano, che si affacciava sul porto commerciale e ancora più in là. Guardando l'orizzonte si vedeva il mare e, nelle giornate terse, la costa dell'Istria.

Ogni estate era pronta ad accoglierci. Semplice, luminosa, allegra, con la tavola sempre piena di prelibatezze preparate da nonna Cristina. Era una brava cuoca e, al nostro arrivo a Trieste, la sua cucina si riempiva di deliziosi profumi. Spadellava con noi felicemente e io mi arricchivo delle sue ricette. Le riportavo per filo e per segno sul mio quaderno, mentre, tra una riga e l'altra, tra un ingrediente e un segreto, le confidavo i miei e la trovavo audace nel darmi qualche piccolo ma sempre saggio consiglio. Era più sicura di una sua pentola di cui si ergeva a guardia. Se qualcuno si azzardava a infilarci un cucchiaio per rubarne un assaggio, ci rinunciava subito, fulminato dal suo sguardo.

Non mancavano mai le sarde in saor o impanate; la jota, per le giornate più fresche, a base di crauti, fagioli, patate e carni affumicate o di maiale (costine, cotechino, pancetta), roba leggera, insomma; gli gnocchi, il prosciutto di Praga con il rafano e le patate in tecia, cioè in padella; il brodetto di pesce, le canocie (crostacei dell'Adriatico) e, per dolce, le pesche preparate a tocchetti, con zucchero e un cichetin de vino, e poi lo strucolo.

«Aspetta che scrivo, nonna. Allora... strucolo?»

«Strucolo de pomi» specificava «se lo vuoi dolce, con mele, uvetta, pinoli, zucchero e cannella. Salato, invece, con ricotta, erbe, spinaci, carne o patate.»

E poi la pinza a colazione, le palacinche, squisite crêpes sottili ripiene di marmellata di albicocche a merenda.

Quello che fuoriusciva da ogni pietanza, però, era una dose massiccia di coccole. Quanto amore: tutti quei piatti erano, per dirla poeticamente, un apostrofo calorico sulle parole «ti» e «amo». Noi, naturalmente, eravamo felici più che mai. Persino papà mangiava di buon gusto. Lì non esisteva dieta, che, invece, era rigorosa in qualunque altro luogo e momento dell'anno.

Con lui l'estate è sempre stata semplice, genuina, naturale. Un baule con plaid, sedie sdraio, borse frigo e pallone. Il minimo indispensabile per star bene. Gli amici che voleva intorno a sé erano tutte persone che vivevano di questo. Quando non si andava al mare, si andava in gita sul Carso, l'entroterra di Trieste. Parcheggiata l'auto, si estraeva il forziere del benessere, dal quale, come il baule magico di un prestigiatore, usciva di tutto, compresa una quantità infinita di prelibatezze. In alternativa, si andava a mangiare in qualche osmizza a Monrupino, Opicina o Basovizza. Le osmizze sono le tipiche osterie dove i produttori locali vendono vino sfuso e prodotti del territorio. Sono una tradizione che risale al periodo asburgico, quando l'imperatore Giuseppe II, nel 1784, concesse ai contadini il diritto di vendere il proprio vino senza tasse per otto giorni (*osem* in sloveno, «otto», da cui «osmizze»).

Il Carso è una roccia col prato che contorna Trieste ed è lì che vanno i triestini a passare un'intera giornata quando vogliono stare al fresco. È lì che andavamo spesso anche noi. Qualche volta, papà ci portava a Lipizza, a vedere i meravigliosi cavalli bianchi, oppure ci si spingeva un po' più lontano, a Muggia o ad Aurisina.

Ogni viaggio era buono per cantare durante tutto il tragitto. Più distante era, più ci si divertiva. Si intonavano canti popolari che ancora mi risuonano nella mente:

Co' son lontan de ti, Trieste mia
me sento un gran dolòr, un gran dolòr!
E più che zerco de paràrlo via
più me se ingròpa el cuor...
do' làgrime me cori zo pe'l viso
e digo fra de mi e fra de mi
che no gh'esisti un altro paradiso
più splendido de ti.
[...] e in alto quatro nùvoli,
de soto un fià de mar,
xe 'l quadro più magnifico
che mai se pol sognàr ...
Lontan de ti son come un uselèto
che vivi in sciavitù, in sciavitù
e me dispèro e piànzo el mio dialèto
che ormai no sento più.
Ma quando torno canto de alegrìa
e per le strade digo fra de mi e digo:
«Sì, Trieste, te son mia, te vojo tanto ben!».

Miramare, Barcola, Grignano e Sistiana erano le mete per una gita al mare. A Sistiana eravamo ospiti nella meravigliosa villa sul mare di Giuliana e Nino Benvenuti, il pugile istriano, anche lui grande amico di papà. Lui e la sua numerosa famiglia, in quel punto magico, un angolo privato di paradiso, ci hanno regalato giornate intere di spensieratezza, come quelle vissute a casa delle famiglie di Bruno e Loredana Rocco, Pippo e Bruna Bergamini.

Ma le ultime estati insieme a papà sono state a Lignano Riviera. Qui gli amici triestini Bruno e Pippo stavano comprando casa nei primi anni Settanta, all'interno di un villaggio residenziale, chiamato Calle Byron, vicino alla Darsena. Erano villette bifamiliari. I miei genitori, incuriositi e coinvolti da loro, andarono a farci una visita, assieme a Gianna e Franco Sattolo, il secondo portiere del Toro, nato a Fiume. Furono tutti colpiti non solo dalla casa, ma dalla prospettiva di condividerla, di avere vicini gli amici, così la comprarono insieme. Noi al piano di sopra e loro sotto; il giardino era in comune, come tutto il resto che veniva vissuto ogni sera, quando la casa si riempiva di ospiti. Essendo vicino a Trieste, venivano spesso anche i nonni. La nostra vacanza, quindi, si divideva tra Lignano Riviera e Trieste, tutto in novanta chilometri. Tutto qua. Quante nuotate, feste, grigliate e cantate in allegra compagnia, genitori e figli.

Papà ci ha abituato a condurre una vita semplice, ma costruttiva. Dava un grande valore a tutto quello che doveva esserci intorno a noi, dalla scelta degli amici, alla qualità del tempo da passare insieme, l'importanza del condividere, dell'assaporare, del saper ascoltare, e io ne rifletto gli insegnamenti, cercando di fare altrettanto. Aprire la mia casa agli amici, cucinare e prendermi cura di loro, come faceva lui, anche se oggi sembra tutto un po' più complicato. È più difficile costruire i rapporti, che lui ha lasciato intatti anche dopo la sua morte. I suoi amici, ancora oggi, mi raccontano di quanto abbia fatto male la sberla presa quando se n'è andato.

Era così giovane che non ha fatto in tempo ad accumulare difetti. Ci ha consegnato un'idea che rasenta la perfezione. «Ha cambiato le nostre vite» mi confida qualcuno. È diventato persino un parametro temporale, secondo qualcun altro: «Per indicare un determinato periodo, solitamente piacevole, diciamo "quando c'era Giorgio"».

Jerry Sattolo, tempo fa, in occasione di una mia visita a Trieste, mi ha mostrato una foto di mio papà appesa al muro della sua cucina: «Sai, io e Giorgio ci parliamo ogni giorno». Queste parole mi hanno emozionata. Ma esistono ancora amicizie così?

La vita di chi l'ha conosciuto ha una netta linea di demarcazione. C'è un prima di Giorgio e un dopo Giorgio. È così per tutti, ma non per me, non per Jerry. Né prima, né dopo. C'è solo e ancora «con» Giorgio.

Mi bastava mettere il muso nella sua città per immergermi nella nostra storia.

«È arrivata la figlia di Ferrini!»

Venivo accolta così, al mio primo giorno in Friuli. Nonna mi portava in giro per le botteghe di Servola, mostrandomi a tutti. Dai suoi occhi e da quanto era stretta la sua mano nella mia capivo quanto ne fosse orgogliosa. Era una donna molto intelligente, con una mentalità aperta e una visione moderna, per quei tempi. È a lei, a quel suo modo di essere, che si deve il trasferimento di papà a Torino, a soli quindici anni. Se non ci fosse stata nonna Cristina, se non fosse stata così disponibile al cambiamento, il Torino non avrebbe avuto il suo capitano. Adoro parlare di lei. Adoro parlare di Trieste. Ogni volta che lo faccio, anche se non lo nomino, parlo di mio padre.

I calciatori di Serie A hanno sempre guadagnato bene. Negli anni Sessanta, il loro stipendio era dieci volte superiore a quello medio di un operaio o un impiegato. Per questo papà si è sempre ritenuto più che fortunato. Chissà cosa penserebbe a sapere che la proporzione è decuplicata, come minimo. Un giocatore di primo livello percepisce cento o duecento volte quello che guadagna in media un lavoratore. Sono convinta che non sarebbe cambiato niente. Non ha mai strafatto, non si è mai concesso lussi di alcun genere.

Amava le macchine sportive, come tanti, del resto, ma non se n'è mai comprata una. Ci diceva spesso che si sarebbe prima o poi regalato una macchina che aveva visto in America, una Jeep Grand Cherokee verde inglese, con i profili in legno. La sua prima auto passava inosservata. La prese per raggiungere la mamma che era rimasta a vivere a Varese, ai tempi in cui erano ancora fidanzati. Fu con quella che andò per la prima volta a Trieste, quando, emozionato, la portò a conoscere la sua famiglia. Mamma aveva diciassette anni e il cuore le scoppiava. Mi ha spesso raccontato che i nonni l'accolsero come una figlia, con la loro semplicità e allegria che li ha sempre contraddistinti. Brunetto la guardava e le girava intorno affettuoso, cercando di attirare l'attenzione e prendersi qualche bacio anche lui. Dormiva nella cameretta di papà e lui sul divano del salotto. In quei pochi giorni di vacanza le mostrarono più cose possibili della loro città, il che significava anche mostrarle più cose possibili di loro.

Il primo importante acquisto è stato di natura immobiliare, ma non per lui. Ha comprato la casa dei suoi genitori, a Trieste. Poi, per realizzare il sogno di suo papà, anche un terreno. «Chissà, un giorno magari, finita la carriera, ci costruirò la casa» pensava. Il nonno intanto ci mise dieci galline, piantò le viti e un orto in cui coltivava insalata, pomodori, zucchine, carote, peperoni, tutto quello che poteva seminare, raccogliere e... trasportare. Quando venivano a trovarci a Torino, infatti, caricavano nell'auto tutto quello che ci stava. Lei, la macchina, quando capiva che stava per portarli in Piemonte, iniziava a sudare olio. Riempita ogni centimetro disponibile di uova, cicorietto, prosciutto cotto di Praga tagliato spesso, il campionario di un intero negozio di alimenti locali stipato nel portabagagli e nei sedili posteriori. C'era anche una damigiana di vino da venti litri. Si sarebbe di certo impennata in autostrada, se il nonno non avesse ripristinato l'equilibrio con il suo pancione. Di sicuro non c'era il rischio di superare i limiti di velocità. Quattrocento chilometri in dieci ore. Tanto impiegavano ad arrivare, ma ogni volta era una festa. Per consumare tutto quello che portavano non bastavano i tanti amici che affollavano la taverna, tutte le sere. C'erano anche i suoi compagni del Toro. Si mangiava, si cantava, ci si divertiva senza nient'altro, solo stando insieme. Dopo quattro giorni, però, i nonni erano già sull'uscio con le valigie in mano.

«Ma come, andate già via?»

«Trieste ci chiama» si giustificavano. Ne sentivano già la mancanza. Servola e il Friuli, in generale. Dove sono nati e cresciuti anche Enzo Bearzot e Cesare Maldini. Uomini tutto d'un pezzo, come il mio papà: un pezzo di me.

6
Il mio Torino

Mamma ha sempre le valigie pronte, dal 1976. È da allora che vorrebbe andarsene, ma dove non lo sa. Lo so io da cosa vuole scappare: dai fantasmi. Quelli del passato, gli spiriti mentali del vuoto lasciato da papà, ricordi ancora troppo vividi e per questo causa di dolore, quel senso di sospeso, di irrisolto, che l'ha attanagliata troppo presto senza mai allentare la presa.

Troppo giovane, troppo innamorata, con troppa sofferenza e troppe responsabilità. Tutto troppo, per lei, ancora oggi, quando rivive quei primi anni senza di lui. Poi, però, forse per un provvidenziale istinto di sopravvivenza e difesa emotiva, va ancora più indietro, con la memoria, e si rivede con le valigie in mano, sì, quando le posò per la prima volta a Torino.

I neo coniugi Ferrini furono amorevolmente adottati da questa città sabauda così riservata. Vivevano in un elegante appartamento di via San Secondo, ma Mariuccia si trovò presto da sola. Per lei, così vivace e sociale, fu un duro colpo trovarsi lontana dagli amici, dagli affetti più cari e... dal marito. Tra partite e ritiri, col servizio militare di mezzo, infatti, stava davvero poco a casa. Allora decise di chiamare i soccorsi. Prima invitò Sandra, sua sorella, per un breve periodo, poi il fratello maggiore Gino e, dopo la mia nascita, anche i suoi genitori, con Rolando, il più piccolo della famiglia. Lo zio Gino rilevò prima una salumeria, poi un bar proprio in via Filadelfia e mise su famiglia; la zia Sandra si innamorò di Gimo, un ragazzo del quartiere dei mercati generali. Un vero playboy, fino a quel momento, che abbandonò il piacere della varietà femminile per avere quello molto più prezioso di un unico grande amore, la sua bellissima famiglia.

I miei nonni materni, Ernesto e Fanny, erano persone alla mano, dagli occhi buoni e dal sorriso gentile, molto riservati e riguardosi, sempre pronti e disponibili a dare amore a tutti noi, che gli ruotavano intorno e riempivamo la casa. Credo fossero frastornati e travolti da quella nuova vita torinese, accolta con generosità per seguire la figlia. Per i miei genitori fu fondamentale averli tutti qui. Io passavo tantissimo tempo a casa dei nonni. Ero libera di giocare con le pentole e di fare pasticci con l'acqua e la farina, la nonna mi amava tanto da permettermi tutto e mi sorrideva felice. Anche per questo, trascorrere i pomeriggi insieme ai nonni, agli zii e ai miei cuginetti è stato prezioso per la mia infanzia. Essere stracoccolata da tutti, essere stata tanto amata e… sì, lo ammetto, anche un po' viziata.

Oltre ai familiari, poi, i rapporti si estesero a una cerchia sempre più larga di amici e colleghi. Il primo di questi è stato Roberto Manolino, di Chieri, che giocava nelle giovanili del Toro, ma che presto, al calcio giocato, preferì anteporre l'attività di famiglia e diventare un grande imprenditore edile. Lui e Simona entrarono nella loro vita quotidiana. Le due giovani coppie condividevano tutto, creando da subito un legame molto forte, destinato a durare per la vita. Mio papà, per Simona, ha sempre avuto una simpatia speciale. Il suo accento piemontese la contraddistingueva, rendendola la più amabile ai suoi occhi. Da Chieri arrivava Roberto Rosato, fidanzato con Anna, una bella ragazza pugliese. Lo ricordano sicuramente molto bene i tifosi del Toro, del Milan e della Nazionale sconfitta da Pelè a Città del Messico, nella finale mondiale del 1970. I Ferrini e i Rosato instaurarono un'amicizia che li portò persino a costruire insieme le loro case a Pino Torinese, vicino a quelli che sarebbero diventati altri amici importanti: l'affascinante Angiola e suo marito Gianni Mori.

Il loro incontro avvenne a Bardonecchia, durante l'estate del '68, all'Hotel Rosa, dove il Torino si trovava per il ritiro pre-campionato e dove la famiglia Mori stava trascorrendo le vacanze. Tra loro scattò subito una gran simpatia. Una sera, a Pino Torinese, cenavano insieme accanto ai finestroni della loro splendida villa affacciata sulle colline, come sospesa. Papà rimase incantato da quel panorama magico e dalla vicinanza così potente con la collina di Superga.

«Il terreno qui di fianco è in vendita» suggerì Gianni. «Se vuoi mi informo.»

Su quel terreno, papà ha fatto costruire la casa in cui sto scrivendo di lui. Oggi, dopo più di quarant'anni, loro per noi sono ancora «i vicini», come ci siamo sempre chiamati tra di noi. I nostri giardini hanno un cancelletto comune che è rimasto sempre aperto. Io e Amos non abbiamo mai avuto e voluto una babysitter, perché l'avevamo in comune con loro, così come, in comune, nello stesso lettone, ci siamo fatti tutte le malattie dell'infanzia, dal morbillo alla varicella.

Gianni, qualche giorno dopo la morte di papà, mi chiese di andare da lui al piano di sotto, in quella che chiamava la sua «stanza della musica», luogo vietato quando eravamo bambini, quando lui e Alberto Lupo componevano canzoni nel tempo libero (Gianni ha anche inciso l'inno del Toro, quello degli anni Settanta cantato dagli stessi giocatori, «Forza Toro, forza Toro, torneranno i tempi d'oro», quello che ancora oggi si sente allo stadio). Scoprii che aveva scritto una canzone dedicata al suo amico Giorgio, ma c'era di più; avrei dovuto cantarla io. Ascoltai la musica, ma soprattutto ascoltai le parole. La stanza piombò in un silenzioso dolore che è ancora troppo vivo e palpabile. Non ce la potevo fare, non ci sono mai riuscita. Me la canto solo con il cuore:

Capitano, capitano, capitano,
sei andato tutto solo via lontano,
a giocare una partita che non
terminerà più
sopra un campo grande grande
dove l'erba è tutta blu
là potrai guardare il sole
perché il male non c'è più
ma un'eterna giovinezza
quella che hai lasciato tu.

L'amicizia è un sentimento di fedeltà, di rispetto e fiducia, di stima reciproca, ed è ciò che è nato con famiglie come quella di Alma e Giovanni Giovale, Mafalda e Aurelio Ceresa, Lucia e Michele Rao, Pia e Italo Zilioli, Assunta e Guido Tira.

Un'amicizia speciale, per papà, fu quella con Gigi Goria, che abitava proprio qualche via sopra la nostra, anche lui in questo angolo di paradiso così vicino a Superga. L'ingegner Goria era il direttore generale della Superga, famosa e storica azienda torinese di calzature sportive, chiamata così proprio in onore di quella magica collina. Laura, sua figlia e mia grande amica, mi ha scritto una lettera che credo contenga l'essenza di quello che mio papà è stato nella sua breve vita:

Il fatto che mio padre abbia voluto a tutti i costi riposare di fianco al tuo, a Giorgio per l'eternità, spiega, più di mille parole, i sentimenti che lo legavano a uno degli uomini più buoni che abbia mai conosciuto.

Se papà potesse parlare, sicuramente avrebbe tanto da raccontare di Giorgio e dell'amicizia fraterna che li legava. Non so in che anno esatto si siano conosciuti (credo intorno al lontano 1971), però so che fu l'amico comune Gianni Mori, uomo geniale, pirotecnico e dalle mille risorse, a presentarli. Da allora, il trio stava spesso insieme; si aiutavano a vicenda e avevano costruito un legame profondo.

Mio padre è sempre stato di sfegatata fede granata fin da ragazzino e quando poi è diventato direttore generale della Superga (all'epoca in cui era una consociata della Pirelli) ebbe l'idea geniale e innovativa di legare il marchio alle scarpe che produceva. Già negli anni Settanta aveva visto lontano e innescato un trend che poi è diventato la prassi e ha condotto alle sponsorizzazioni miliardarie di oggi.

Grazie a Giorgio, che non ci guadagnava nulla, la squadra ha corso in campo con le mitiche Superga. Questo contribuì a dare una grossa e decisiva mano all'azienda, come testimoniato da una lettera che mio papà scrisse al tuo Giorgio il 28 marzo 1972.

«Carissimo Giorgio, permettimi di considerarti uno dei miei più cari e sinceri amici (in genere sono pochi).

Ti ringrazio ancora per tutto l'aiuto che mi hai dato per la reclame "Superga"...»

Più importante di tutto è però il fatto che Giorgio abbia in un certo senso salvato la vita a papà, al quale avevano diagnosticato un gravissimo problema cardiaco. Mio fratello Marco ricorda bene che Giorgio si mise subito in pista e chiese al cardiologo del Toro, il dottor Antonino Brusca, un luminare, di visitare prima possibile mio padre. Fu la sua salvezza, perché Brusca non solo lo prese a cuore come amico del capitano, ma lo mise in contatto con l'equipe americana formata dai dottori Denton Cooley e Michael DeBakey, tra i primi cardiochirurghi e cardiologi al mondo. Mio padre volò a Houston, in Texas, dove fu sottoposto a uno dei primi interventi cardiochirurgici effettuati con una tecnica all'avanguardia. Tre mesi di degenza negli States, dopo che gli avevano sostituito la valvola mitralica. In poche parole, gli allungarono la vita e Giorgio fu strategico, subito empatico, davvero un amico che aveva messo in moto il meccanismo salvavita. E papà non lo ha mai dimenticato!

Di Giorgio Ferrini invece io ho ricordi personali sparsi negli anni della mia adolescenza. Per me era mitico, affascinante, bellissimo. Incarnava una stirpe in via di estinzione, quella degli uomini tutti d'un pezzo, affidabili, spina dorsale dritta e valori profondi. Era di poche parole, poteva dare l'impressione di sfiorare una certa timidezza, con la tendenza a essere un po' chiuso; ma dentro aveva un oceano di sentimenti incredibile. Lo vedevo nello sguardo che posava sulla sua famiglia, sugli amici, sui compagni di squadra, sul mondo. Lo sentivo da come parlava, nel poco ma essenziale che diceva, lo intuivo dietro i suoi pensosi silenzi.

Ricordo una volta in cui ero particolarmente triste, mi prese sulle sue ginocchia, senza parlare, semplicemente sorridendomi partecipe, come sa fare un padre che consola una ragazzina. Fu una delle ultime volte che l'ho visto, prima che un destino bastardo se lo portasse via.

Era bellissimo il legame che univa papà a Giorgio, a Gianni Mori e ad Angelo Cereser. Stare con loro era una festa di buonumore e serenità. Per noi Goria fu un'ancora di salvezza in un periodo particolarmente buio. Mia madre se n'era andata da casa lasciando mio padre solo e alle prese con due figli da crescere. Un'impresa titanica.

I Ferrini, i Mori e i Cereser divennero la nostra nuova famiglia. Un aiuto incredibile e fondamentale non solo per papà, che alla famiglia credeva e non capiva bene come fare senza quella moglie di cui era innamorato (e credo lo rimase fino all'ultimo respiro).

Giorgio, Gianni e Angelo fecero subito «cartello» e ci aiutarono in mille modi. Per me, ragazzina, i riferimenti furono le loro mogli. Mariuccia, donna tostissima e di una forza dirompente, anche lei, come me, rossa di capelli, cosa che me la faceva amare d'istinto. Bellissima, elegante ma con uno stile tutto suo, un modello inarrivabile.

Angiola Mori, che incarna l'angelo del focolare con gli occhi più belli che abbia mai visto. Non finirò mai di ringraziarla per tutte le volte che mi ha aiutato a capire qualcosa in più della vita e delle sfide che comporta e per tutti i pranzi e le cene da cuoca sopraffina. Ma soprattutto per la santa pazienza e la sensibilità materna con cui mi accudì durante un'eterna notte in bianco a Varigotti, al mio capezzale di bambina che si era appena rotta una gamba ed era più lagnosa e sofferente che mai. Fu allora che scoprii come doveva essere una vera madre. Poi la fantastica e dolcissima Renza Cereser, viso angelico, paziente, premurosa, con una dedizione totale al marito e ai figli. Ecco, queste erano le donne che Giorgio e i suoi amici avevano al loro fianco, le nostre nuove confortanti pareti domestiche tra le quali potevamo sentirci al sicuro. Erano uomini lontani dall'essere i miti incarnati oggi dai calciatori. Ben distanti da luci, showgirl appariscenti e contratti da capogiro.

Rincorrevano il pallone per passione e perché erano davvero bravi in quello che facevano. Oltre a vivere per le loro famiglie, credevano in un valore importante che aveva dato la direzione giusta alle loro esistenze e alle loro personalità: lo sport, quello pulito, che implica sforzo continuo, sudore e tanti sacrifici.

Un mondo sano e bellissimo che trascendeva la semplice competizione. Era uno stile di vita a tutto tondo. Giorgio era il capitano e il simbolo di tutto questo.

Poi la tragedia. Non avevo mai visto piangere mio padre. Il giorno in cui morì Giorgio, fu il primo. La sua morte è stato un dolore immenso, bruciante, che ha creato un vuoto enorme. Qualcosa di profondamente ingiusto.

Un grande uomo che nel fiore degli anni se ne andava, lasciando una moglie giovane e due bimbi ancora piccoli. Per non parlare dell'onda di profonda emozione nei tifosi.

Inaccettabile anche per un uomo di profonda fede come mio padre, difficile da metabolizzare e conviverci.

Al mio genitore è stato concesso un breve scorcio di vita in più, se non altro è riuscito ad accompagnare parte della crescita di noi figli, ma né lui né Giorgio hanno avuto l'emozione di accompagnare le figlie all'altare e, ancora peggio, non hanno potuto conoscere i loro nipotini per i quali sono comunque un esempio, perché noi ne custodiamo e tramandiamo la memoria. Nel caso di Giorgio, poi, c'è tutto un mondo di tifosi che ancora lo rimpiange. Sarebbero stati entrambi dei nonni fantastici.

Quante occasioni mancate per due uomini profondamente buoni e generosi, che avrebbero meritato molto altro...

Una cosa però, mio padre è riuscito a farla. D'accordo con Mariuccia, oggi Giorgio e Gigi riposano nella cappella della famiglia Goria, nel cimitero di Pino Torinese, avvolti dalla collina di Superga. Mi piace immaginarli come in una foto che li ritrae seduti in un prato, vicini e sorridenti. Ecco, li sogno così, che ancora si parlano, commentano partite e, da lassù, vegliano su di noi, con tutta la portata immensa dell'amore che avevano nei loro grandi e bellissimi cuori granata.

Una vita serena si rifletteva sul suo rendimento. Nel suo primo campionato da sposato, papà disputò più partite di tutti i granata: trentadue. Arrivarono in finale di Coppa Italia, persa contro l'Atalanta il 2 giugno. Esattamente un anno dopo la battaglia di Santiago. Una data non del tutto propizia, che però inaugurò una nuova epoca, quella di Nereo Rocco.

L'allenatore triestino si sedette sulla panchina del Toro nella stagione 1963/64 e aprì la porta a una nuova grande famiglia che si consolidò anche sotto il nostro tetto. Il Paròn era fortemente convinto che, per raggiungere risultati importanti, tutto dovesse partire dall'armonia nello spogliatoio. Fu proprio qui, prima e dopo allenamenti e partite, che iniziò a crearsi un clima di amicizia che crebbe in fratellanza fuori dal campo. Si sfinivano singolarmente di fatica, per essere ricompensati dal vantaggio comune. Scendere in campo e giocare tutti con altruismo, senza rivalità, tutti uniti, trascinati da un comune obiettivo, la vittoria, o comunque dalla convinzione di aver dato il massimo per raggiungerla. Case e ristoranti diventavano un'estensione dello spogliatoio, dove erano ammesse anche le famiglie. La convivialità e la complicità tra le mogli e noi figli faceva la differenza e la domenica in campo si percepiva.

Così io e Amos siamo cresciuti passando tra le ginocchia e le braccia di Gianna e Franco Sattolo, Renza e Angelo Cereser, Nadia e Aldo Agroppi, Franca e Giorgio Puia, Lidia e Natalino Fossati, Paola e Luciano Castellini. Poi arrivarono i Salvadori, i Sala, gli Zaccarelli, i Pulici e i Graziani. Tutti i volti che incollavo come figurine nei miei album erano in realtà un allargamento della mia famiglia. Ognuno di loro ne ha arricchito profondamente e significativamente la nostra. Con tutti questi esempi ho compreso il significato di amicizia, quella vera, con la A maiuscola, quella che non conosce gelosia, che non sta in bilico tra ricchezza e povertà, tra dare e ricevere, ma che, al contrario, è il punto di contatto di gioie e dolori, speranze e preoccupazioni, dove si fondono il riso e il pianto. Insieme, per sentirsi gli uni parte degli altri. È da questa comunione che ho imparato il valore del non giudicare mai, del prendersi così, con i pregi e i difetti, in luna buona o cattiva. È questo l'immenso tesoro che tutti questi amici, calciatori e non, hanno lasciato a noi, loro figli, per sempre fraternamente uniti.

Erano qualcosa di grande per noi e papà era qualcosa di grande per loro. Per ciascuno, la sua morte improvvisa ha creato uno stato di immobilità e temporanea immutabilità. Il tempo sembrava essersi fermato nel fotogramma di un eterno istante. Nel ricordo di ciò che poteva definirsi con una sola parola: felicità.

Rocco contava molto su papà e non solo perché erano figli della stessa città, come qualcuno sussurrava. Nel suo primo anno in granata (stagione 1963/64) lo schierò per trentadue volte, facendone ancora una volta il giocatore col maggior numero di presenze in quel campionato. Segnò anche sette gol, inclusa una doppietta contro il Bari. Si piazzarono al settimo posto. Aveva qualcosa in più, qualcosa che lo motivava più degli anni precedenti. Bearzot terminò la carriera e la fascia di capitano cercava un altro braccio a cui stringersi. Il braccio di qualcuno che ne fosse degno, che l'avrebbe rispettata e onorata. Mio padre. Quella fascia bianca si cucì sul suo braccio per sempre, dandogli l'indiscusso valore del leader.

Però non era solo «qualcosa», la fascia, a dargli una spinta in più. C'era anche qualcuno. Qualcuno che voleva rendere orgoglioso e per cui dava il massimo di se stesso. Chi mai poteva essere? Ah, che sciocca, sono io. Sono nata nel 1964, sotto il segno dell'Acquario. Un suo occhio nero nelle fotografie del mio battesimo ne immortalò l'agonismo che nessun appuntamento mondano avrebbe mai potuto moderare.

I miei genitori, per quell'occasione, organizzarono una bella festa all'interno della Clinica Pinna Pintor di Torino. Erano presenti il presidente Orfeo Pianelli e Nereo Rocco con le loro mogli, tanti compagni, amici e parenti, tra cui i nonni, venuti da Trieste con zio Bruno. Il mio padrino è Lido Vieri, il portiere del Torino, la mia madrina è la zia Sandra. Fu papà a scegliere il mio nome, Cristiana, ricordando quello di una bellissima bambina di pochi mesi conosciuta nell'hotel a Grottaferrata, quando era in ritiro con la Nazionale. Lei era lì con la sua tata, ma senza la mamma, la famosa attrice Elsa Martinelli, impegnata su un set. Fu subito «adottata» da tutta la squadra come la loro piccola mascotte. Ciò nonostante, i primi ricordi legati al mio nome risalgono a quando mi sentivo «patatina» perché ero burrosa e cicciottella. Papà mi riempiva di baci in quelle pieghe del collo che ti fanno arrivare il brivido di solletico. Poi, però, sono diventata la sua «principessa».

Se il suo affetto si rifletteva sull'impegno, doveva volermi proprio bene, perché, mentre io muovevo i primi passi, lui macinava presenze su presenze (quarantaquattro tra campionato e coppe) e segnava come non aveva mai fatto prima. Fu un'ottima annata, come si dice per un buon vino. La squadra arrivò in semifinale sia in Coppa Italia sia in Coppa delle Coppe, cogliendo il terzo posto nel campionato 1964/65, nel quale il numero 8, il mio numero 8, fece dieci gol, tra cui due doppiette contro Genoa e Lazio. Quasi tutte le reti furono determinanti nel risultato finale, come nel pareggio per 1 a 1 contro la Juventus. Contro Sivori e compagni era sempre una battaglia in cui non risparmiavano una sola goccia di sudore. Per averne idea, non basta la diffusa massima secondo cui il derby è una partita a sé. A Milano, Roma e Genova, il livello economico delle società cittadine si equivale, pressappoco. A Torino no. Qui c'è Davide contro Golia, è il negozio di famiglia contro il centro commerciale, la bottega artigianale contro il franchising multinazionale, undici contro chissà quanti. Già, perché il livello di sudditanza è altissimo. Non mi riferisco solo alla terna arbitrale, ma ai dirigenti bianconeri che, con il loro carisma e la loro suggestiva immagine di potere, inibiscono i più deboli a livello caratteriale. Nel Toro, però, di deboli non ce n'erano.

Il divario numerico rischiava di essere tradotto al contrario, perché i nostri, davanti alla Juve, correvano come se avessero tre polmoni ciascuno e si alzavano di venti centimetri, appoggiandosi sull'orgoglio granata. Nessuno abbassava lo sguardo, anzi. Pur consapevoli dell'abissale differenza, li affrontavano a testa alta e petto in fuori, a partire dal loro (dal mio) capitano. Ha sempre guardato tutti negli occhi, tranne quando è tornato da una tournée in America con il Torino. Sull'aereo è stato rapito dagli occhiali del pilota e, dopo qualche visita in cabina, è riuscito a farseli regalare. Un paio di Ray-Ban Aviator, con le lenti a goccia verde scuro, che non toglieva mai. Ce li aveva perennemente addosso, tanto gli piacevano. In quel periodo nascondeva i suoi occhi azzurri a tutti. A tutti tranne che a noi, agli avversari e al calendario, perché papà ha sempre guardato avanti, lontano, verso il futuro. Papà aveva gli occhi del cielo. Ora il cielo ha i suoi occhi.

7

Posso diventare tuo amico? L'originale dolcezza di Gigi Meroni

Le foto raccontano quei frammenti di vita che andrebbero persi se non immortalati, specialmente quando riguardano l'infanzia. «Questa in braccio a Enzo Bearzot sono io, a tre anni, fra il nonno e Cesare Maldini.»

Quando lo storico capitano del Milan approdò al Torino era il 1966, l'anno in cui nacque mio fratello Amos.

Porta il nome di un profeta dell'Antico Testamento, su cui cadde l'indice di mio padre quando, assieme a mia madre, si chiedeva come avrebbero chiamato il loro secondogenito. La Bibbia, rilegata in pelle di color rosso con scritte oro, non era solo un elenco di suggerimenti anagrafici. Papà la teneva sempre sul comodino accanto al letto e ogni sera ne leggeva un passo. Gliel'aveva regalata don Francesco, il che, considerando l'affetto e la stima che provava per lui, avvalorava ulteriormente il contenuto del testo sacro. La sua fede era profonda e la preghiera una necessità impellente. Quando vedeva una chiesa ci entrava, non poteva farne a meno. All'epoca esistevano le cabine telefoniche, che permettevano di parlare con chi era lontano, inserendo i gettoni. La chiesa aveva più o meno lo stesso senso. Era il luogo in cui poteva parlare con Dio. Lo faceva anche in altri momenti, immagino, ma in quel luogo pregnante di spiritualità era certo che all'altro capo della cornetta ci fosse Lui. Era certo di essere ascoltato. Così, di sicuro, è stato per la sua carriera calcistica, per la moglie che ha avuto in dono e per la nascita dei figli che desiderava. Era così felice quando è nato mio fratello e io non ero per niente gelosa. Nonostante fossi molto piccola, ricevetti tante di quelle attenzioni e affetto da non provare alcuno spirito di competizione.

Lo stesso vale per Amos, cresciuto, adorato e coccolato da tutti, in casa e nello spogliatoio del Torino. Il caschetto biondo non ne tradiva la bontà, anche se era piuttosto possessivo nei confronti di nostro padre. Quando i tifosi gli si avvicinavano, gli stringevano la mano chiedendogli un autografo o lo abbracciavano mettendosi in posa per una foto, aggrottava la fronte. L'aria contrariata strideva su quel viso angelico e faceva sorridere, ma lui avvertiva davvero un senso di violazione. Passi in campo, passi allo stadio, ma fuori, nella normale quotidianità, lo voleva tutto per sé. Come se, inconsciamente, sapesse già che avrebbe avuto così poco tempo per stargli accanto. Era uguale per me, anche se lo davo meno a vedere. Quando dovevo farmi largo tra la folla che lo accerchiava, all'uscita della scuola, gli facevo notare il mio disagio, che lui placava spiegandomi chi fossero quelle persone: «Quelli sono i nostri tifosi, i miei tifosi, tesoro. Dobbiamo rispettarli, perché sono loro il vero successo della squadra e il mio. Il tifoso del Toro è diverso da tutti gli altri. Ama incondizionatamente la maglia granata e la storia che racconta».

C'è una storia che mi piace riportare, parla di un bambino, un tifoso del Toro e si intitola *Il piccolo pirata*:

Le prime parole di cui ho memoria furono pronunciate in triestino. Avevo poco meno di un anno, era l'estate del '63 e mi trovavo a Nizza Monferrato. È un flash back audio-visivo nitido, dai contorni definiti: l'attimo preciso in cui decisi di alzarmi sulle due gambe e camminare, un frammento di vita della durata di un secondo. Mia nonna, triestina o giuliana come i triestini amano orgogliosamente definirsi, mi tiene d'occhio dal terrazzino al primo piano che dà sul cortile di casa. Il nonno, in cortile con me, intento a leggere il giornale, con la sigaretta accesa a un lato della bocca. Io per terra, a rimestare ghiaia e sabbia con la paletta e il secchiello. Poi succede che mi alzo e muovo traballante i primi passi, non devo avere un incedere particolarmente rassicurante, perché dall'alto sento la voce allarmata della nonna: «Vigio! Vigio! El putel! Varda el putel che camina! Se pol far mal!».

Il nonno, di rimando, con tono palesemente seccato per l'inattesa distrazione: «Per piasì, laslu stè! As fa nen mal».

Fine del film. Non parlavo ancora, ma capivo già due dialetti, il triestino e il piemontese. Quella parlata triestina mi arrivò nuovamente all'orecchio anche qualche tempo dopo e vede per protagonisti ben due triestini questa volta. Era la primavera del 1967: sono sul pullman guidato da papà, lui da qualche anno è l'autista del Toro. La sera del primo aprile, papà mi prende sulle ginocchia e mi dice: «Domani ti porto con me al lavoro».

Mia madre non è per nulla contenta della trovata: «Giovanni, ma sei matto! Stai scherzando, tu devi guidare e come fai con il bambino, tutte quelle ore fino a Vicenza! E poi deve fare gli esercizi con l'occlusore che gli ha dato l'oculista e se non li fa rischia di vedere sempre meno da quell'occhio».

«Non preoccuparti, non sono mica solo! 'Sto bambino ha bisogno di mettere il naso fuori casa e domani viene con me, mettiamo la benda all'occhio e faremo gli esercizi.»

«Vedrai ti faccio conoscere un bel po' di amici» mi dice sorridendo.

La mattina successiva ci alziamo prestissimo, Vicenza è lontana. Il pullman ci aspetta pronto, enorme e luccicante di un azzurro color del cielo. Guardo con orgoglio mio padre: è lui che guida questo bestione! Saliamo che si parte. Ho un pullman a disposizione tutto per me. Sono euforico! Salto da un sedile vuoto all'altro, incredulo.

«E adesso dove andiamo?»

«Al Fila.»

«E cos'è?»

«È la casa del Toro! E lì che ci aspettano.»

Dopo pochi minuti di città deserta, svoltiamo in via Filadelfia. Il grande cancello è spalancato. Il pullman rallenta e si ferma un paio di volte, una cinquantina di persone vocianti ne impedisce per qualche istante il passaggio.

«Vedi? Questi sono i tifosi del Toro» spiega mio padre girando il volante prima a destra e poi a sinistra per scansarne qualcuno. «Sempre così, potremmo anche partire di notte, ma stai certo che li trovi.»

Ci fermiamo nello spiazzo, dietro la tribuna.

«Eccoli là!» esclama puntando il dito verso un gruppetto di uomini.

«Chi?»

«La squadra del Toro!»

Anche loro sembrano averlo sentito, perché all'unisono si girano verso di noi, raccolgono i borsoni da terra e con fare lento e dinoccolato ci vengono incontro.

La porta anteriore del pullman si apre con uno sbuffo prolungato. Io siedo nella prima fila alla destra del posto di guida.

«Alberto, spostati da lì, quelli sono i posti di Rocco e Ferrini. Mettiti qui, dietro di me. Oggi il posto di Bolchi dovrebbe essere libero.»

Prima ancora di vedere salire qualcuno, sento una voce che tuona levarsi dal brusio del gruppo. L'inflessione dialettale non ha segreti per me. È la lingua di mia nonna...

«Demo muli, forza xè ora! Natale, sveglia, dove te g'ha la testa? Ciapa el borson. Lido te son mona? Te le fazo magnar quele sigarete!»

A uno a uno entrano tutti e ognuno saluta mio padre anche con due battute. Mi passano davanti e si vanno a sedere nei posti abituali: chi mi sorride, chi mi scompiglia i capelli, chi si presenta: «Ciao, mi chiamo Nelson, tu chi sei?».

«Mio papà è il capo del pullman» gli rispondo tanto per mettere in chiaro il mio ruolo.

Per ultimo entra un uomo dalla stazza robusta con cappotto e borsalino in testa. Stringe vigorosamente la mano a mio padre e, dopo qualche istante di conciliabolo, si gira verso di me e lo congeda con tono rassicurante: «Giovanni, non xe problema, non dà nissun fastidio». Poi mi si avvicina e succede quello che temevo: «Ciò che bel muletto, cos te g'ha all'ocio?».

Da quando mi avevano messo quel pezzo di gomma

beige a ventosa alla lente degli occhiali, ero ossessionato da quella domanda. Prima o poi arrivava; faccio come sempre, abbasso la testa e non rispondo per la vergogna. L'uomo afferra subito lo stato di disagio in cui mi ha cacciato e cerca di porre rimedio.

«Ahh g'ho capì, adesso g'ho capi, ti te son un pirata, un picolo pirata.»

Pronuncia quelle parole lentamente, con l'espressione di chi ha finalmente risolto un mistero complicato.

«Te g'ha perso l'ocio in bataglia» aggiunge annuendo col tono di chi si compiace della propria lungimiranza. «Ciò varda che qua semo tuti pirati» mi sussurra abbassandosi verso di me e accompagnando la frase con un ampio gesto circolare del braccio per includere tutti i presenti.

«Anche papà?» chiedo io.

«Te vol cherzar? To pare xè il pirata timonier, senza di lui non troveremo la rotta e semo panadi! Ma ora vien con mi che te presento il pirata della banda, il capitan! Giorgio!».

Poi, rivolgendosi all'indirizzo di Ferrini: «Il picio sta con ti, xè un pirata anca lu, contighe delle tue bataglie».

Quel giorno Nereo Rocco mi suggerì una via di fuga, affrancandomi dall'imbarazzo. Che mi chiedessero pure cos'avevo all'occhio! Metto su la faccia più piratesca che si possa immaginare e mi siedo a fianco del capitano dei Pirati. Il pullman parte.

Ferrini mi accoglie con un sorriso.

«Ti piace giocare a pallone?»

«Sì» gli rispondo.

«Quanti anni hai?»

Con la mano gli mostro quattro dita. Papà, che dallo specchietto di servizio non si perde la scena, interviene: «Ne fa cinque a luglio».

«E dimmi» aggiunge Ferrini «chi è il tuo calciatore preferito?»

«Gigio Meroni» rispondo senza esitare.

«Gigio?» mi chiede con aria divertita.

«Sì, Gigio Meroni» ribadisco.

Ferrini scoppia in una risata. Senza volerlo avevo accorpato in un unico soggetto l'idolo di mio padre e il mio: Gigi Meroni e Topo Gigio. Si gira verso la parte posteriore del pullman e con ilarità proclama al gruppo: «Ehi muli ascoltè, da oggi g'avemo un nuovo compagno, se ciama Gigio Meroni.»

In un attimo, tutta la comitiva incomincia a scandire in coro «Gi-Gio, Gi- Gio».

Meroni, dal fondo, ride anche lui e con gesto esplicito del braccio manda i suoi compagni a quel paese. Io non capisco perché ridono tutti, ma rido anch'io e mi sento importante per aver innescato la gioiosa reazione.

Il viaggio prosegue. Il Capitano diventa taciturno e volge lo sguardo fuori dal finestrino. Io, complici le poche ore di riposo e l'emozione, spalanco ripetutamente le fauci nella più inequivocabile dichiarazione di sonno.

Fu così che Ferrini passò il suo braccio sinistro sopra la mia testa e mi accomodò sul suo petto.

«Dormi, piccolo pirata, dormi» e così feci.

Questa storia raccontata da Alberto Lovisolo è uno spaccato di realtà, della loro realtà di quegli anni. Anche l'autista era famiglia e apparteneva a quella famiglia allargata che era la squadra del Toro.

A volte mi chiedo cosa penserebbe papà di me. Sarebbe orgoglioso? Mi rispondo col cuore speranzoso e so con assoluta certezza che lo sarebbe, anzi lo è, sicuramente, di Amos. Un uomo speciale, puro nei sentimenti e nelle ideologie, che non scende a compromessi con niente e con nessuno, proprio come lui. Sarebbe contento, papà, nel vederlo innamorato della sua Paola, così dedito ai suoi cani e al lavoro di toelettatore che esercita con così tanta passione e professionalità da fare la differenza (altro tratto in comune). Non importa che professione si svolga. Qualunque sia, quando ci si mette il cuore e l'impegno, non può che riuscire bene.

Crescere senza una figura paterna è molto difficile e per lui, che era più piccolo e con meno ricordi di me a cui aggrapparsi, lo è stato ancora di più. I nostri caratteri sono molto diversi, ognuno di noi ha metabolizzato ed elaborato il lutto distintamente. Lui l'ha vissuto spesso con rabbia e ingiustizia, ma, accettandolo, ne ha tratto senza accorgersene un duro insegnamento, come ha sempre fatto papà: stringere i denti, per stringersi alla vita.

Lo faceva anche in campo, il nostro capitano. È stato uno dei giocatori più presenti, non si tirava indietro e non si risparmiava mai, nemmeno se aveva qualche piccolo infortunio. Certo, ai tempi le rose delle squadre erano decisamente più ridotte di quelle che vediamo oggi. Sedici giocatori, non uno di più. Alcuni dei quali provenienti dalla Primavera. I titolari erano gli stessi quasi tutte le domeniche. Ti fa male un piede? Non importa. Problemi a un ginocchio? Giochi lo stesso. «Ho bisogno di te» gli diceva Rocco in questi casi e lui non lo deludeva. Non ha mai deluso chi aveva bisogno di lui. Non disattendeva le aspettative dei tifosi né quelle dei compagni che, al contrario, venivano trainati dal suo senso di responsabilità.

C'è una duplice immagine che gira molto, in rete, sulla differenza tra un capo e un leader. Nella prima rappresentazione, si vedono uomini che trascinano un pesante carro con la scritta «obiettivo» e il capo comodamente adagiato sopra. Nella seconda il carro è vuoto, quindi più leggero, e il leader è il primo della fila a trainarlo. Papà era così. La sua irreprensibile dedizione forniva una motivazione in più ai compagni, che, quando finivano il fiato, ne trovavano un po' di scorta nel suo sguardo.

Nella stagione 1967/68, il Torino perse a Vicenza alla prima giornata. Papà era un uomo che sapeva imparare dagli errori e, dopo quella sconfitta, tutto il gruppo, evidentemente, capì una lezione, perché poi vinsero quattro delle cinque partite di ottobre. A parte il pareggio a Firenze per 1 a 1, con gol del capitano e di Picchio De Sisti, fu un mese trionfale, ma solo sportivamente. Umanamente, infatti, viene purtroppo ricordato per un tragico episodio.

La sera del 15 ottobre, dopo la vittoria contro la Sampdoria, il numero 7 del Toro, Gigi Meroni, uscì col compagno Fabrizio Poletti per una passeggiata in corso Re Umberto. Era una bella domenica, avevano vinto davanti al pubblico di casa, l'aria era quella tipica di un autunno che si era appena affacciato, amichevole, leggera, frizzante, un po' come lui, che, però, era anche scanzonato.

Aveva un look stravagante e uno stile decisamente anticonformista, un talento puro, simbolo di ribellione e creatività per cui veniva paragonato a George Best. A me Gigi metteva soggezione, non sapevo mai cosa aspettarmi quando lo incontravo. Un giorno nel bar sotto la sede del Toro, lo guardavo incuriosita dai vestiti che indossava. Quadri scozzesi e righe insieme, ci vuole personalità per portarli, pensavo tra me e me. Lui intuì qualcosa e, per conquistare la mia fiducia, mi venne incontro con un vassoio pieno di Brooklyn, gomme da masticare che io adoravo. Si inginocchiò, facendomene dono e dandomi un bacio sulla fronte. «Posso diventare tuo amico?» Mi lasciò di stucco.

Mentre stavano attraversando la strada, furono entrambi investiti da una Fiat 124 Coupé. Poletti fu preso di striscio, Meroni venne sbalzato sull'altra corsia, dove fu preso in pieno da una seconda auto. Venne trasportato urgentemente in ospedale, dove però morì poche ore dopo. Il ragazzo che guidava la prima macchina che lo colpì aveva diciannove anni ed era un tifoso del Toro: Attilio Romero. Nel 2000, per un destino beffardo, il suo nome venne associato istituzionalmente alla società, perché ne divenne il presidente.

Meroni era anche il compagno della bellissima Cristiana, dai capelli lunghissimi come le sue gambe avvolte in stivali di vernice, icona di stile, per me, simile a quelle modelle che vedevo nelle riviste di mia mamma sfogliando *Vogue* e *Harper's Bazaar*. Era già stata sposata ed era separata, un sacrilegio per l'arcidiocesi di Torino, che si aggiungeva alla condotta dell'uomo fuori dai canoni della moralità cattolica. Per questo, si oppose al funerale religioso del «peccatore pubblico». Il nostro amato don Francesco Ferraudo, però, lo celebrò comunque. Lui sapeva davvero chi erano i suoi ragazzi. Per la morte di Gigi, ho visto piangere disperatamente mio papà per la prima volta e questo mi colpì molto.

La settimana dopo la sua scomparsa, si giocò il derby. Prima della gara, nel silenzio delle tifoserie, un elicottero inondò il campo di fiori, che furono raccolti sulla fascia destra, dove giocava lui, la «farfalla granata», onorata dai compagni con un risultato memorabile: Juventus-Torino 0 a 4. La vittoria granata nelle sfide torinesi del dopoguerra, con il maggiore scarto, risaliva al 1952, quando vinse 5 a 0. Dopo quindici anni, i nostri imposero ai bianconeri quella che ancora oggi è una delle sconfitte più sonanti delle stracittadine. Inoltre, le vittorie granata in entrambi i derby di un campionato, in tutta la storia, si contano sulle dita di una mano. Una di queste dita indica proprio quella stagione, perché il Torino vinse anche al ritorno.

Fu la squadra di Nereo Rocco a vincere quello scudetto. Purtroppo, però, non era più sulla nostra panchina, perché era passato al Milan. Il Toro conquistò comunque un onorevole settimo posto, ma conquistò la Coppa Italia. Nel girone finale (allora non c'era una partita secca a chiudere la competizione) papà segnò anche una doppietta nel 4 a 0 al Bologna. Eravamo tutti felicissimi. La mamma, probabilmente, un po' meno, perché quel successo garantiva la partecipazione alla Coppa delle Coppe, il che avrebbe portato suo marito lontano da casa per le trasferte europee anche a metà settimana. Ma Mariuccia era tenace e se la sapeva cavare. Era l'immagine dell'emancipazione e dell'intraprendenza, ancora oggi affatto scontata per una donna. Libera, altruista, generosa, lei è una figura carismatica, quanto il marito famoso, per la sua naturale e spontanea eleganza, per la sua bellezza così genuina.

Come ho scritto prima, per chiunque abbia amato mio padre c'è un prima di Giorgio e un dopo Giorgio. La Mariuccia dopo Giorgio è un'altra donna, consumata da quel tornado che dopo quasi cinquant'anni non accenna a diminuire. Dopo la morte di papà si è aggrappata a me e ad Amos, occupando quel doppio ruolo genitoriale difficile, ed è riuscita a vincere i mali del tempo che passa diventando la nonna presente, attenta, disponibile e infinitamente generosa di Giorgio e Simone.

Io, per fare altrettanto, mi sono aggrappata alla vita, sforzandomi di amarne ogni momento, perché mi ha insegnato (a carissimo prezzo) che può finire in un attimo.

Mi ha insegnato tanto anche papà, anche in così poco tempo. Ho ereditato la sua gratitudine verso il bene, il godimento di una semplice giornata di sole, la fortuna di avere dei buoni amici e condividere il tempo con loro. Mangiare insieme, bere del buon vino, ballare, cantare e ridere senza vergogna, senza il dubbio che qualcuno possa giudicarti, hanno un enorme valore. Gli amici sono essenziali oggi come allora e io mi nutro di loro, come faceva lui. È anche grazie a loro che riesco a sentire meno quel vuoto incolmabile che mi porto dentro.

Mi manca tutto di lui. La voce, gli abbracci così forti che talvolta mi facevano quasi male, ma, soprattutto, mi mancano i suoi occhi. Il suo sguardo mi mandava baci o rimproveri, poteva darmi una carezza o uno schiaffo. Parlava più così che usando le parole. La bocca gli serviva per sorridere e far sorridere me, anche a distanza di decenni, solo con quell'immagine scolpita nella mia memoria. Avevo dodici anni quando l'ho perso. Pochi, certo, troppo pochi. Eppure sufficienti per accumulare tutti quei ricordi chiusi nel baule dell'anima. Un baule grande, di quelli che si usavano una volta. Di quelli che la Nazionale di calcio dava ai suoi giocatori.

8
La valigia della Nazionale

Parata di Donnarumma. Il nostro portiere ferma il tiro di Saka dagli undici metri e l'Italia è campione d'Europa. A casa, l'11 luglio 2021, esultiamo, come stanno facendo tutte le famiglie italiane. È la seconda volta che conquistiamo il titolo continentale, dopo il primo successo del 1968. In porta, allora, c'era il ventiseienne del Napoli, Dino Zoff. L'attacco era stellare, con Riva, Prati, Anastasi e Domenghini, Burgnich, Facchetti, Rosato e Anquilletti, tra gli altri, costituivano una solida difesa, mentre a centrocampo c'erano qualità e quantità: Mazzola e Rivera potevano rifinire e attaccare, grazie al lavoro di Bulgarelli, Lodetti, Juliano, De Sisti e… Ferrini.

Dopo la disastrosa spedizione mondiale del 1962, papà non venne più convocato in Nazionale, ma Ferruccio Valcareggi lo richiamò quasi sei anni dopo, concedendogli, di fatto, la «grazia» sportiva.

Mio padre, infatti, fu il capro espiatorio del gruppo da condannare, per via dell'espulsione nei minuti iniziali e del conseguente atteggiamento di ribellione col quale ignorava l'ordine di lasciare il campo. Lui è sempre stato un uomo ragionevole, equilibrato, saggio. Se sbagliava, sapeva chiedere scusa, era molto critico con se stesso. Ogni volta che riceveva un cartellino rosso ammetteva le sue colpe.

«L'arbitro ha sbagliato» diceva «ma ho sbagliato più io a dargli modo di espellermi.»

In quel caso no, però. Non si è mai piegato alla logica dei potenti e delle ingiustizie, quindi si rifiutò di porgere pubblicamente scuse che altri avrebbero dovuto presentare.

«È colpa vostra» contrattaccò «siete voi che dovete chiedere scusa a noi!»

I giornalisti crearono un clima di forte tensione sociale che si riflesse in campo e in ritiro (lamentava una cucina immangiabile). La Federazione non difese i propri giocatori e non si schierò dalla loro parte, ma preferì sacrificare Ferrini attraverso la sua pubblica flagellazione verbale per mettere tutto a tacere. Scelsero la persona sbagliata. Il nuovo commissario tecnico della Nazionale, Valcareggi, evidentemente, lo capì anni dopo e gli diede un'altra possibilità.

Nell'aprile del '68, quindi, preparò la valigia per l'incontro valevole per la qualificazione all'Europeo, contro la Bulgaria. Quando si parla di valigia, oggi, si intende un trolley, un borsone sagomato dinamicamente, con una linea elegante e funzionale, che nessun calciatore solleva o trascina, perché viene portato dai membri dello staff. Allora, invece, la valigia era la valigia, quella rigida, più simile a un baule, che ciascuno sorreggeva da sé.

È ancora a casa nostra, custodita come uno scrigno ricco di tesori: contiene la sua carriera, in fotografie, contratti, articoli di giornale, telegrammi, lettere, appunti, targhe con dediche affettuose e onorevoli, la sua fascia bianca da capitano e le sue maglie, del Toro e della Nazionale, che, in realtà, sembrano più dei maglioni. Fatte di lana, seppur leggera, a maniche corte, con lo stemma e il numero cuciti a mano. Ci sono i suoi premi, le sue medaglie, come quella a croce di Cavaliere della Repubblica e il pass per entrare al Villaggio Olimpico del 1960. Aveva ventun anni quando fu convocato per il torneo a cinque cerchi, nell'unica edizione che si tenne nel nostro Paese, ovviamente a Roma. Riempì quella stessa valigia per i Mondiali in Cile nel '62 e per i Campionati Europei del 1968. Quanto orgoglio provarono i miei nonni, lo zio Bruno e Mariuccia per lui, quando ricevette il suo baule blu per la convocazione in Nazionale. Quanta stima per quel ragazzo che dava sempre tutto se stesso senza risparmiarsi mai, che dava la sua forza fisica, i suoi polmoni, i suoi muscoli, ma soprattutto dava il cuore.

L'Italia arrivò in fondo anche grazie alla fortuna. La semifinale contro l'Unione Sovietica fu l'unico caso nella storia di questa manifestazione in cui una partita venne decisa dal lancio della monetina. Terminata 0 a 0, invece dei rigori ci si affidò alla sorte, che sorrise ai nostri. Inimmaginabile oggi, così come la geografia politica che assegnava le squadre partecipanti. Niente Russia, Ucraina, Moldavia o Estonia, solo URSS. Niente Bosnia, Croazia o Serbia, solo Jugoslavia, con cui gli Azzurri disputarono la finale. Anzi, le finali. Se ne giocarono due, perché la prima terminò in pareggio (1 a 1) e, non assegnando il titolo dagli undici metri, la partita venne rigiocata due giorni dopo.

Vincemmo 2 a 0. Lo ricordo bene, non tanto per la memoria di quel giorno (avevo quattro anni), ma per la sua rievocazione, avvenuta nel Centro Tecnico Federale di Coverciano, nel 2018, per celebrare i cinquant'anni da quella che all'epoca era l'unica vittoria italiana del Campionato Europeo di calcio. Ricordo con un po' di tristezza che parteciparono ben pochi dei giocatori di allora, ma molti di noi figli. Fu una cerimonia davvero toccante, di quelle che ti fanno capire come alcune imprese valgano per sempre, anche se non c'è più chi le ha compiute. Esattamente come l'intera vita di mio papà, che per me ha ogni giorno un valore immenso, di cui parlo (in questo caso scrivo) sempre con grande orgoglio.

Quando rivedo le imprese che i suoi ex compagni hanno poi compiuto da allenatori, immagino come sarebbe stato lui in quel ruolo. Avevo diciotto anni quando l'Italia vinse i Mondiali di Spagna. Commissario tecnico e vice erano Bearzot e Cesare Maldini. Quelli in mezzo ai quali comparivo, bambina, nella foto assieme a papà. Suoi compagni nel Torino. Tutti triestini, tutti con gli stessi valori, la stessa determinazione, ma un destino più fortunato. O quando, seguendo la carriera di Giovanni Trapattoni, suo coetaneo e compagno ai Mondiali del '62, mi chiedevo che tipo di allenatore sarebbe stato mio padre.

Mamma l'avrebbe seguito o sarebbe rimasta a casa, come Paola, la moglie del Trap, che non si è allontanata da Cusano Milanino mentre lui guidava il Bayern Monaco o la Nazionale irlandese? Oggi, poi, mi domando come sarebbe in un calcio così diverso, in un mondo così diverso. Non ce lo vedo proprio. Anche mamma dice che sarebbe stato un pesce fuor d'acqua. Forse, però, intende dire che l'acqua è moralmente inquinata e certi pesci, lì dentro, morirebbero avvelenati.

Magari, per amore assoluto verso questo sport, avrebbe tirato dritto come un Toro, dando sempre tutto incondizionatamente. I primi anni dopo la sua morte mi piaceva immaginarlo sul prato verde, mentre insegnava ai bambini le prime tecniche di gioco e sorrideva felice a vederli sgambettare.

Il suo decimo compleanno granata viene festeggiato male. All'inizio della stagione successiva all'Europeo, la sua decima nel Torino, papà si infortunò al ginocchio. Dovette subire un'operazione e rimase fuori diversi mesi. Alla fine del girone d'andata la squadra era in zona retrocessione. Noi avevamo un po' più tempo per stare con lui, ma senza trarne troppo giovamento. Lui non era solo un giocatore del Toro, ne era tifoso. Lo era sempre stato e, da capitano, era il primo dei supporter. Vedere la sua squadra in difficoltà non lo faceva stare bene, così, trovando sguarnito il suo ruolo, in campo e nello spogliatoio, accelerò il recupero, lavorando duramente per tornare in campo prima possibile.

Il presidente veniva pesantemente contestato per un mercato estivo al di sotto delle attese. Due nuovi innesti erano ancora troppo giovani per entusiasmare i tifosi che, per loro, si sarebbero accesi pochi anni dopo: Emiliano Mondonico e Paolino Pulici, che, per noi, diventerà semplicemente «Pupi».

Veniva dal Legnano, era un timido diciottenne e, durante le partite d'allenamento, come racconta lui stesso, papà gli dava dei cazzotti sui fianchi, per insegnargli a tenere i gomiti alti, in modo da avere più spazio nelle marcature strette.

Un giorno, Pulici, esasperato, gli diede una gomitata in faccia, facendolo sanguinare dal naso. Papà si fermò, constatò il danno dal flusso rosso raccolto sulla sua mano, ed espresse il suo giudizio: «Adesso sì che sei del Toro».

Ha sempre pungolato i giovani e lo faceva in modo naturale, con un rapporto autorevole e confidenziale nello stesso tempo; duro, ma solo all'apparenza. Lo raccontava anche Aldo Agroppi, che se lo trovava di fronte nelle partitelle del giovedì tra titolari e riserve. L'allora giovane toscano lo martellava. Un giorno mio padre si stufò e gli diede una gomitata tra naso e denti, facendolo piangere dal dolore, ma lui non smise di stargli addosso. Alla fine dell'incontro, papà lo prese da parte negli spogliatoi, traducendo il suo intento con le parole: «Agropoli (lo sfotteva, chiamandolo così), al giovedì mi rompi sempre i coglioni, ma... diventerai un grande giocatore».

Anch'io avrei voluto e forse potuto diventare una giocatrice, come Ferrini. Lui, il mio idolo, diceva che avevo il suo piede. Nel baule dell'auto avevamo sempre un plaid e un pallone. Quando facevamo le gite con gli amici, ogni posto era buono per improvvisare una sfida a cui prendevo parte anch'io. Lui, però, era un po' contrariato. Il calcio era ancora uno sport in cui il cromosoma Y era un requisito essenziale, anche perché non c'era il fair play che si vede oggi. Ho appena raccontato delle gomitate sul naso che si davano senza esclusione di colpi e questo accadeva tra compagni di squadra, figuriamoci tra avversari. Avrebbe potuto praticarlo mio fratello, ma non ne voleva sapere. Ci provò, ma il nome di mio padre era troppo pesante.

«E tu saresti Ferrini?» lo criticavano al primo errore.

«Ah, è così?» comprese subito. «Allora gioco a football americano.»

Dopo la contestazione dei tifosi, il presidente Pianelli mise le mani nelle casse della società, grattando fino all'ultima lira disponibile, per acquistare uno degli attaccanti più ricercati, Claudio Sala, che arrivò a Torino dal Napoli per quattrocentosettanta milioni. Nello stesso mercato, sulla scrivania del presidente giunsero anche molte richieste per il suo numero 8. Genoa, Verona e Inter volevano papà, ma l'offerta più interessante, per molti irrinunciabile, era quella del Milan di Rocco. L'allenatore conosceva bene Giorgio e sapeva che sarebbe stato molto utile alla sua squadra, fresca vincitrice della Coppa dei Campioni.

Alle soglie dei trent'anni, papà avrebbe potuto andare a giocare in una delle squadre più forti d'Europa, quindi, oppure restare a Torino, a lottare con i giovani per un posto da titolare. Era una scelta facile, ma non come avrebbe pensato chiunque: «Non se ne parla neanche, io dal Torino non mi muovo».

Firmò il suo solito contratto annuale, con totale disinteresse per la cifra che a Milano sarebbe stata più alta, ma suscitando, così, la reazione non favorevole di Mariuccia. Lei spingeva per andare a Milano, non era contenta di come veniva trattato suo marito. Non c'era un rapporto simmetrico, secondo lei, tra lui e la società. Papà dava tutto e rinunciava a tutto per vestire quella maglia, ma in cambio riceveva un contratto inadeguato e uno stato di costante precarietà nella squadra. Era sempre in discussione. Il fatto che fosse titolare e capitano era tutt'altro che scontato. Doveva guadagnarsi il posto e la fascia ogni settimana, ma questo non limitava la sua passione per questi colori. Era infastidito, sì, ma per niente preoccupato. Viveva la difficoltà come una sfida, che affrontava a viso aperto, volgendola a proprio favore.

Quell'anno fu addirittura tra i più prolifici giocatori della squadra. Segnò anche più degli attaccanti, ma la sua soddisfazione (e la nostra) ha una collocazione temporale precisa. Ha una data e un minuto: il 12 ottobre 1969, all'ottantottesimo di Juventus-Torino. I bianconeri erano passati in vantaggio, chiudendo il primo tempo sull'1 a 0. A metà della ripresa pareggiò Carelli e, a due minuti dalla fine, papà raccolse un pallone in area, tra i difensori, davanti al portiere. Lo accarezzò come fosse la mia guancia. Quando penso a quel gesto, sento le sue dita che mi percorrono il viso, smuovendomi il cuore. In quel caso, sotto gli occhi di sessantacinquemila spettatori, fu il pallone a ricevere il tocco del capitano. Accompagnato elegantemente, finì sotto l'incrocio dei pali, smuovendo sempre il cuore, ma di tutta la curva, di tutti i tifosi granata.

Perché Ferrini era del Torino.

Ferrini era il Torino.

9

«Rossa, stai brava»

«Chi se ne frega dell'Europa. Io voglio lo scudetto.»

Il sogno di papà era vincere in Italia, con la sua squadra. Per questo rifiutava ogni offerta gli venisse fatta. Provarono ad allettarlo con ingaggi a cui quello del Torino nemmeno si avvicinava, ma lui non la prese neppure in considerazione. I soldi non gli interessavano, ragionava da dirigente, da tifoso, preferiva che la priorità venisse data al gruppo, all'allestimento di una rosa competitiva.

Pianelli dichiarava alla stampa di essere disarmato dallo sguardo di papà durante le trattative: «Ferrini mi toglie il portafoglio con gli occhi», ma la situazione era in realtà molto diversa. Mio padre era l'ultimo a rinnovare il contratto e, quando entrava nell'ufficio del presidente, questi lo accoglieva allargando le braccia, come se volesse mostrarle vuote: «Giorgio, ti posso dare quello che mi è rimasto».

«Presidente» replicava lui, sereno «mi dia quello che può.»

«Sei proprio un *mona*!» sbraitava invece mia madre quando lui tornava a casa con il nuovo contratto.

Mona è un termine dialettale veneto, particolarmente usato quando si vuol mandare a quel paese una persona stupida. Si arrabbiava da morire perché va bene non badare ai soldi, ma è con quelli che si vive, e poi ne faceva principalmente una questione di correttezza.

Mio padre non ha mai fatto polemica, rispettava il gruppo, la società e i tifosi. In più di un'occasione preferì soffrire in silenzio, invece di scatenare una guerra. Ha dovuto ingoiare bocconi amari, superare delusioni, offese e irriconoscenze.

«Ho parlato con Nunzia e con Claudia, le mogli di Sala e di Pulici.»

«Bene. E allora?»

«Allora... mi hanno detto quanto guadagnano i loro mariti. Tu lo sai, vero? Tu sei il capitano, tu sei...»

«Rossa» la interrompeva lui, riferendosi al vivace colore dei suoi capelli «stai brava.»

Mariuccia non la mandava proprio giù. Se fosse stata la sua agente, papà avrebbe almeno triplicato i suoi ingaggi e a tavola... ci sarebbe stata un po' più di armonia in quei momenti. Io, infatti, ero il loro telefono senza fili. Parlavano tramite me.

«Cristiana, di' a tuo padre che è pronta la cena.»

«Papà è pronto.»

«Grazie, tesoro, di' alla mamma che arrivo.»

«Mamma, papà arriva.»

La verità è che Giorgio non ha mai ricevuto quanto ha dato, sostiene la mamma.

A volte rientrava a casa profondamente avvilito, ma non me ne parlava per non angosciarci. Si teneva tutto dentro, con quella forza interiore che era una delle sue più grandi qualità. Io, però, lo conoscevo bene e avvertivo il suo travaglio, ne percepivo i segnali, come quando, di notte, lo sentivo camminare avanti e indietro, su e giù per il giardino, quasi a formare dei solchi, come quelli che giravano attorno ai suoi pensieri. Chissà, forse cercava di guardarli da un altro punto di vista.

I tifosi non l'hanno mai saputo, anche perché non ha mai voluto alterare gli equilibri della squadra, ma dovette subire non poche ingiustizie. Eppure lui sapeva superare anche le delusioni e le amarezze più profonde, guardava sempre avanti, con equilibrio e una tale saggezza che a volte mi stupiva. Era abituato ai sacrifici, a stare con i piedi ben saldi per terra. Lavorava sodo, sudava, dando sempre il massimo.

Mamma lo vedeva più di me. Conosceva buona parte dei retroscena dell'ammirata vita dei calciatori, l'ombra dei patimenti che non si vedono in tv o allo stadio. L'ingaggio era solo l'ultimo dei problemi, ma in qualche modo significativo. Secondo lei il denaro è anche l'unità di misura formale del valore riconosciuto agli atleti da una società sportiva, così come ai lavoratori da un'impresa commerciale, ma il suo amore per quei colori è paragonabile soltanto a quello che ha un genitore per i figli: può anche essere a senso unico talmente è forte. Chiunque abbia figli lo sa. Si amano per quello che sono, non per quello che fanno o quello che danno. Si amano in qualunque circostanza, anche se loro provano un sentimento diverso, magari addirittura opposto. Si amano perché sono figli, punto.

Papà ha amato così me e Amos e così ha amato il Torino. Qualunque cosa provasse il suo presidente, qualunque opinione avessero i suoi tifosi, lui aveva occhi solo per la maglia granata. Le coppe europee? Sì, belle, indubbiamente, ma vuoi paragonarle allo scudetto del Toro?

Quando vinceva il derby, poi, camminava a due metri da terra. È successo nella stagione 1970/71, non una delle migliori sul piano personale, ma molto gratificante per la squadra, che vinse un'altra Coppa Italia, battendo in finale proprio il Milan. Dopo un intero campionato senza gol, il primo che realizzò in quello successivo fu contro la Juventus, ma non riuscì a gioirne, perché il risultato fu ribaltato dalle reti di Anastasi e Capello.

Gli sforzi di papà e le discussioni con la mamma

per i contratti non adeguati venivano tuttavia ripagati dalla posizione sempre più alta in campionato. Nel 1972 il Toro arrivò secondo e fino ai quarti di finale di Coppa delle Coppe, dove perse contro gli scozzesi del Glasgow Rangers (all'andata a Torino avevano pareggiato 1 a 1 con gol di Pulici). Una sconfitta che non andò giù ai nostri, il che potrebbe sembrare paradossale per l'autore del gol che costò l'eliminazione. Una sconfitta indigesta per colpa di McDonald.

Fu quella l'estate in cui ci trasferimmo nella casa di Pino, di cui papà seguì la costruzione mattone dopo mattone. Poiché anche il Toro era casa, per lui, fece la stessa cosa, edificando uno squadrone, giocatore per giocatore, partita dopo partita, guidando ciascuno sul campo, negli spogliatoi e anche fuori.

A Giorgio non interessava quanto guadagnavano i suoi compagni. Non si è mai lamentato, né tantomeno ha mai provato invidia. Era felice quando stava con loro. Me lo ricorda spesso Luciano Castellini, il portiere arrivato dal Monza nel 1970, con cui papà aveva un rapporto speciale.

«Eravamo molto simili» racconta «non sopportava le ingiustizie, di fronte alle quali non sapeva contare fino a dieci. Quando sono arrivato a Torino si è rivisto in me, ero lo specchio di lui quando aveva la mia età. Io, Pulici e Sala eravamo un trio di giovanotti difficilmente confinabili tra le mura domestiche. Stavamo sempre fuori e tuo papà ci curava, si accertava che facessimo "vita da atleti" e, quando uscivamo insieme, era giusto per frequentare i club dei tifosi, oppure come quella volta a Trieste, quando siamo scappati dal ritiro di Udine per raggiungere casa dei suoi genitori a Servola. Loro non erano in casa, entrammo da una finestra del balcone lasciata aperta, arrampicandoci su una grondaia. Spazzolammo le sarde in saor con tutto quello che trovammo sulla tavola. Poi con le pance piene facemmo il percorso al contrario e tornammo in hotel. Quando tua nonna entrò in casa, per poco non le venne un colpo, trovando la sua cucina deflorata da anonimi invasori, che, intanto, viaggiavano in macchina nel più assoluto silenzio. Anche quando andavamo ad Abano per fare i fanghi, nessuno dei due parlava granché e in auto non volava una mosca, ma non era una situazione disagevole, come quei lunghissimi secondi in ascensore, quando quel piccolo spazio è saturo di imbarazzo soffocante. Era un silenzio comodo, in cui stavamo bene. Giorgio era accogliente, diceva tutto quello che c'era da sapere senza bisogno di parole. Queste, quando uscivano, erano così preziose da restare nella memoria. "Luciano" mi diceva "tu sei l'unico che potrebbe litigare con Nino Benvenuti."»

Il pugile amico di papà, medaglia d'oro olimpico, aveva forza e potenza tali che accostargli il portiere non poteva che essere un complimento, per lui, e infatti Luciano ride ancora quando ci ripensa. Poi, però, si commuove al pensiero che il suo amico, il capitano, non c'è più. Soffre nella memoria della sua prematura scomparsa e rievoca la sua amicizia: «Se la domenica facevo una cazzata, la sera mi invitava a casa sua e mi offriva un bicchiere di vino. Mi dimostrava la sua fiducia e la fiducia del capitano era la fiducia della squadra. Questo mi ha fatto crescere come atleta e come uomo».

Sognava di portarci a visitare l'America. Sognava e sognava, papà, nell'attesa di un domani che non ha avuto. Non si è goduto molto. Abbiamo fatto una sola vacanza che non fosse nella sua Trieste o a Lignano. Una sola in tutta la sua pur breve vita. Una sola nei dodici meravigliosi anni in cui è stata anche la mia: la vacanza in Sardegna del '76.

Quella, per me, è LA VACANZA. Abituata all'Adriatico, quando vidi quell'immensa distesa cristallina dalle mille sfumature di blu esclamai: «Ah, questo è il mare!».

Partimmo per Baja Sardinia felici, insieme ad altre due famiglie, i Manolino e i Sattolo. L'amicizia e lo spirito cameratesco che ci hanno sempre unito ha fatto sì che le giornate in spiaggia, le gite in motoscafo, le partite di carte, il pallone, le chiacchiere, gli innumerevoli scherzi e soprattutto le serate passate a cantare siano uno dei ricordi più belli e preziosi della mia intera vita, una vita fatta di cose normali, perché la straordinarietà, e l'ho capito troppo presto, era stare con lui.

Anche lì, in Sardegna, la nostra vacanza è trascorsa senza eccessi, niente locali alla moda, niente macchine scintillanti. L'unica auto da «sborone» che si è concesso è stata una Bmw granata, ma se ne vergognava un po'. Non certo per il colore, anzi, l'aveva scelto apposta. Era il brand che considerava elitario a metterlo a disagio. Nonostante potesse permettersela, papà non era uno da Bmw, aveva più simpatie per le utilitarie, che non danno nell'occhio ma ti portano dappertutto e su cui chiunque può salire. L'animo di papà è quella Fiat 127 degli operai che riempiva le autostrade d'estate, con dentro un numero di passeggeri largamente eccedente il limite consentito e il portapacchi strabordante di tutto ciò che rende felici con la semplice essenzialità.

Quando costruiva la casa di Pino, restava sveglio al pensiero dei costi che lievitavano, ma non estendeva le sue preoccupazioni all'altra metà nel letto. Mamma dormiva serena, si fidava di lui. Papà non ha mai fatto il passo più lungo della gamba. Al massimo, dove non arrivava, entrava in scivolata.

Come tutti quelli che riconoscono il valore di un tetto sulla propria testa, credeva nel mattone. Grazie a lui, quando è mancato, mia madre ha potuto contare su un piccolo ma dignitoso patrimonio immobiliare. Noi eravamo minorenni e, per qualunque spesa, mamma doveva avere l'approvazione dal giudice tutelare. E meno male, perché da quell'8 novembre del 1976 ha fatto fatica anche a prendere i soldi che il Torino gli doveva.

Quando ci lasciò sgorgarono subito tante parole e tante promesse, poi più nulla, neanche una sua foto in sede.

«Come possono averlo dimenticato?» si chiedeva mamma.

Prima di Urbano Cairo, che gli ha intitolato la Tribuna centrale e la bellissima Hospitality Giorgio Ferrini, nessuno sembrava ricordarsi dell'uomo che aveva dato tutto a questa società e a questa maglia, al giocatore che, anche se corteggiato da grandi squadre, ha sempre rinunciato perché il suo cuore e la sua fede erano granata, da sempre e per sempre.

Ogni tanto Giorgio bleffava, dicendo che forse solo il Genoa o il Napoli avrebbero potuto portarlo via al Toro, perché avevano il mare che lui amava tanto e gli mancava. Neppure il mare, però, sarebbe stato più grande del Toro, per lui.

Ma papà era così, non pensava a sé. O, meglio, il suo sé più intimo era fatto di altri. Faceva molta beneficenza e nessuno lo sapeva. Ogni tanto, per esempio, tornava a casa con degli oggetti provenienti dall'Africa. «Sono regali di un tifoso africano» diceva. In realtà, quel «tifoso» africano era uno studente universitario di Torino, che mi contattò molto tempo dopo la sua morte per esprimere il suo grande dolore e svelarci un profilo di Giorgio che nessuno conosceva. Mio padre, mi raccontò, gli aveva pagato gli studi per anni. Lui ricambiava con quello che poteva, qualche oggetto della sua terra, con un valore simbolico che oggi si rivela enorme per me. Grazie a questa testimonianza, mi spiegai da dove arrivava quel grande baule in legno intarsiato, pieno di figure riguardanti la natura. Gliel'aveva dato, per ringraziarlo, quando si era laureato.

Don Francesco, poi, mi rivelò che papà comprava spesso qualche bistecca in più per darla a un ragazzo che giocava nella squadra del nostro paese. Era una promessa del calcio, ma era magro, secco e un po' deperito. Questo era il suo modo per aiutarlo, come quando andavano al Cottolengo, per lasciare un aiuto a chi non aveva nulla.

Ricordo che un anno, poco prima di Natale, mamma mi chiese di andare in cantina a prendere del vino. Io mi avviai, ma quando ero già sulle scale fui raggiunta dalla sua voce: «No, Cristiana, lascia stare, vado io».

«Ma no, mamma» replicai «sono già qua.»

«No, no, fermati!»

Ero già arrivata, seguita da mio fratello. Quando aprii la porta, capii perché mamma voleva fermarmi. La cantina era straripante di giocattoli. Sembrava un negozio di balocchi. Io e Amos spalancammo gli occhi e, guardandoci, gli dissi a bocca spalancata: «Questo sarà proprio un bel Natale!».

«Bambini!» ci raggiunse papà moderando il nostro entusiasmo «questo sarà comunque un bel Natale per voi, ma questi giocattoli domani andranno via. Io e i miei compagni li portiamo all'ospedale Regina Margherita, ai bambini meno fortunati.»

L'anno dopo ci andai anch'io. Lo stupore e la gioia di tutti quei bambini furono il regalo più grande di tutti quelli che mai avrei potuto ricevere. Papà mi ha insegnato anche questo.

È vero quello che c'è scritto negli Atti degli apostoli: c'è più gioia nel dare che nel ricevere.

A chi lo ha amato, invece, ha lasciato un vuoto in cui il tutto sa di nulla.

10

Campioni d'Italia!

«Scusa Ameri, scusa Ameri, ti interrompo da Napoli… ha pareggiato il Torino, con un gol di Ferrini! Al venticinquesimo minuto, il risultato è ora Napoli 1 Torino 1, a voi la linea.»

Mi echeggia ancora dentro la voce di Enrico Ameri, dei giornalisti e della sigla di *Tutto il calcio minuto per minuto* che tenevo all'orecchio tutte le volte in cui il Toro giocava in trasferta. Non c'erano compiti o amiche che tenessero. Se la partita era fuori casa, tutte le domeniche pomeriggio ero incollata alla radiolina. Dovevo sapere cosa faceva la squadra, dovevo sapere cosa faceva papà. Quando giocavano al Comunale, invece, io ero sempre in tribuna, non c'erano santi. Ero anche piuttosto accesa come tifosa, appassionata e anche abbastanza competente nonostante avessi solo una decina d'anni.

Alla fine della sua carriera, papà accusava l'età che

avanzava, soprattutto nella sua ultima stagione, quella del 1974/75. Aveva trentacinque anni e allora, per un calciatore, erano davvero tanti. Il suo coetaneo e compagno di Nazionale Giovanni Trapattoni, per intenderci, era già allenatore da due anni; Gigi Radice si è seduto sulla sua prima panchina a trentun anni. Lui invece sapeva di avere ancora qualcosa da dare e non avrebbe trattenuto neppure una goccia del suo sudore. Inoltre, era ancora prezioso nel trasferire l'identità torinista ai compagni.

Nel suo ruolo di capitano era un esempio, non solo di correttezza, impegno e dedizione, ma anche di spirito granata. Alla tecnica e alla fisicità aveva aggiunto l'umiltà e la consapevolezza di non sentirsi mai arrivato, ma un atleta che aveva ancora la voglia di migliorare. Lui che, pur essendo di Trieste, ne era tifoso già da bambino, lui che aveva abbandonato la sua terra per indossare quella maglia tanto sognata, di cui aveva una copia malfatta per giocare nel cortile di casa, lui che era innamorato di quei colori e trasmetteva questa passione al gruppo. Per questo dicevano che era la «bandiera».

I giocatori del Torino, vedendolo dare così tanto, non potevano e non volevano essere da meno. Lo facevano per la stima che nutrivano nei suoi confronti, nei confronti di un uomo che non era autoritario, ma era autorevole. Non pretendeva rispetto e per questo lo otteneva da tutti. I muscoli, però, non erano più quelli di dieci anni prima e qualche impaziente tifoso lo faceva notare, gridando alle mie spalle: «Ferrini, esci!».

Io non ci vedevo più. Mi voltavo inferocita e lo aggredivo anche se solo con lo sguardo. Guai a chi toccava mio padre. Guai a chi toccava il mio capitano.

Sognava lo scudetto e stava lavorando da anni per costruire un gruppo che potesse conquistarlo, trainandolo e amalgamandolo. La rosa si era rinforzata sempre di più e i giovani talenti erano diventati ormai campioni maturi, come Paolo Pulici. Segnò quattordici gol in quella stagione (1973/74) e ne avrebbe fatti molti altri in quelle successive, ma mi fa molto sorridere il ricordo del suo arrivo a Torino che lui stesso mi ha più volte raccontato: «Io venivo dal Legnano e mi trovai in Serie A, in una grande città, in una grande squadra. I primi giorni indossavo giacca e cravatta, finché il capitano, tuo padre, mi venne vicino, facendomi respirare aria di casa con una sola frase: "Dove vai vestito così? Non sei mica alla Juve"».

Nonostante la crescita di alcune pedine fondamentali, tra cui il ventiduenne Francesco Graziani, presto ribattezzato «Ciccio», la squadra stentava un po' a trovare un gioco efficace e il pubblico rumoreggiava minacciosamente: «Se Fabbri non leva dal campo la vecchia guardia, noi, domenica prossima, invadiamo il campo!».

La «vecchia guardia» era il gruppo dei veterani,

composto da Cereser, Agroppi e Ferrini. L'allenatore, non si sa se impaurito o meno dalla possibile messa in atto dell'avvertimento, iniziò col togliere di squadra proprio il capitano, alla sua sedicesima stagione con la stessa maglia, la dodicesima con la fascia al braccio, che il 20 ottobre passò a Cereser. Quella domenica, la maglia numero 8 fu indossata dal giovane Renato Zaccarelli.

«Hai trentacinque anni» pare abbia detto Edmondo Fabbri, secondo quanto riportato dallo scrittore Massimo Ellena «mica puoi giocare fino a cinquanta. Io devo provare soluzioni per il futuro, devi capirmi.»

Papà capiva, aveva resistito anche troppo. Per essere precisi, aveva trentasei anni, in un'epoca in cui un calciatore si ritirava alla soglia dei trenta, e ritenne fosse davvero giunto il momento di lasciare il posto ad altri e accettare la decisione dell'allenatore, nonostante la modalità imposta con cui arrivò a prenderla. La grandezza di mio padre, però, sta nel fatto che lui non aveva questi pensieri. A lui importava il Toro, punto. Se per il bene del Toro doveva fare un passo indietro e mettersi da parte, lo accettava e lo ha accettato, restando a disposizione del gruppo per tutta la stagione, fino al 19 giugno 1975.

Napoli-Torino di Coppa Italia fu la sua ultima partita da calciatore.

«Finalmente un'estate intera con papà» pensai. Immaginavo che, avendo smesso di giocare, non sarebbe dovuto andare in ritiro e sarebbe rimasto con noi per tutti e tre i mesi estivi, per giunta senza le limitazioni imposte dal regime alimentare di uno sportivo. Papà avrebbe potuto mangiare quello che voleva, dopo vent'anni di privazioni. Sarebbe stato uno spettacolo che non potevo perdermi, ma non andò proprio così.

In primavera aveva già iniziato il corso tecnico di Coverciano per diventare allenatore e la sua carriera non poteva che partire da lì, dalla panchina del Toro, come vice del nuovo allenatore Gigi Radice, arrivato dal Cagliari. Erano stati compagni di Nazionale nel 1962 e ritrovarono subito una grande intesa.

Il solito mese di vacanza, quindi, poi di nuovo in ritiro, con un'altra veste. Radice era un ottimo allenatore, ma non conosceva il gruppo, non conosceva le caratteristiche individuali che rendevano speciale ciascuno di quei giocatori. Papà sì. Un capitano di lungo corso come lui poteva dirti e darti ogni sfumatura caratteriale di quei ragazzi, dello spogliatoio e della società. Poteva dirti di quanti centimetri Luciano Castellini alzava il sopracciglio e per quali motivi. Uno come lui andava trattato adeguatamente, attraverso un rapporto empatico da instaurare con calma, come solo Giorgio sapeva fare. Radice doveva metabolizzare e imparare a gestire queste dinamiche, ma non era affatto semplice. Ci voleva tempo e costanza, che papà decise di assecondare con un'esternazione buttata lì a cena, prima dell'inizio del nuovo campionato: «Quest'anno mi vedrete poco. Per niente quasi. Io vado a vivere con Radice».

«Ecco, lo immaginavo» rispose mamma sorridendo. Sapeva bene che la fine di una carriera non è mai facile da affrontare. I cambiamenti, rimettersi in discussione con la vita ancora lunga davanti. Scegliere il lavoro del proprio futuro, quello della maturità, quello della consapevolezza delle proprie capacità. Sapeva altrettanto che lui la sua scelta l'aveva già fatta.

Corso Vittorio Emanuele II 77. Era la sede del Torino in quegli anni, uno splendido e monumentale palazzo nel cuore della città. Entrando si respirava un'aria familiare, soltanto la porta dello studio del presidente Pianelli era chiusa, tutti gli altri ambienti erano accoglienti e conviviali. Chiacchierii arrivavano dalla zona del bar, circondato da tavolini dove puntualmente qualcuno giocava a carte. Si potevano incontrare giocatori che andavano e venivano, dirigenti e amici. Il dottor Lievore, l'avvocato Cozzolino, i Navone, i Traversa, Venezia, Zambruni, i fratelli Bonetto e l'immancabile Nino Franco.

In campo si lavorava sodo e fuori dal Fila, quando i giocatori potevano riposare, papà e Radice continuavano a farlo, anche di notte, per un solo obiettivo: portare il tricolore sul petto della maglia granata.

Per cementare il gruppo, decisero di far conoscere le famiglie con una cena. La organizzarono al ristorante del Residence Duparc, in corso Massimo D'Azeglio, sopra cui viveva la famiglia Radice, che si era trasferita da Monza. Cristina, la figlia del mister, aveva la mia età. L'altra, Betty, un anno di meno. C'era anche Ruggero, il piccolino di quattro anni. La signora Radice, la Nerina, friulana anche lei, ha iniziato a chiacchierare con mia madre e... non hanno ancora smesso. Oggi è proprio lei la migliore amica di Mariuccia. La va a trovare spesso a Monza, dove ora è tornata a vivere, e insieme trascorrono ancora tutte le vacanze, per proseguire un dialogo iniziato cinquant'anni fa.

Raccontare che fu una cena perfetta per simpatia e sintonia è dire poco: quella sera è nata l'amicizia. Gigi, con l'indottrinamento e la pazienza di Giorgio, entrò a far parte della famiglia granata e, con l'aiuto delle mogli, tennero ben unite, in armonia e complicità, anche tutte le altre famiglie dello spogliatoio del Toro, come aveva insegnato il Paròn Rocco.

La squadra stava crescendo, il pressing di mister Radice era rivoluzionario e portava ottimi risultati, partita dopo partita.

2 novembre 1975: Torino-Inter 2 a 1.

7 dicembre: Torino-Juventus 2 a 0.

14 dicembre: Milan-Torino 1 a 2.

28 marzo 1976: Juventus-Torino 1 a 2.

4 aprile: Torino-Milan 2 a 1.

Fu una cavalcata trionfale, con entrambi i derby vinti, che portò la squadra in testa al mese di maggio. Il 2 maggio la vittoria per 5 a 1 contro il Cagliari diede la convinzione che il trionfo fosse a un passo, ma non era ancora finita.

La domenica successiva, il pareggio a Verona per 0 a 0 non cambiò la gerarchia della classifica e si arrivò così all'ultima giornata: domenica 16 maggio 1976.

Allo stadio Comunale di Torino arrivò il Cesena. La classifica diceva Torino punti 44, Juventus 43. Poteva ancora succedere di tutto. Se avessimo perso, una vittoria bianconera contro il Perugia avrebbe portato lo scudetto sull'altra sponda del Po. Bisognava restare molto concentrati e determinati.

Io ero in tribuna, tesissima. Lo erano tutti. Anche in campo, la gara non si sbloccava. Poi le radioline diffusero una notizia che tolse il recinto all'ottimismo. In avvio di ripresa Renato Curi sorprende Zoff: nulla da fare per il portiere juventino, è gol, 1-0 per il Perugia. Sbloccati e senza paura di subire il contrattacco offensivo, ci portammo in vantaggio con un gol di Pulici. Dieci minuti dopo il Cesena pareggiò, ma questo non minò l'entusiasmo dei sessantacinquemila spettatori presenti, perché il risultato in Umbria non cambiò.

Al novantesimo minuto, la classifica finale del campionato di Serie A era questa: Torino punti 45, Juventus 43. Il fischio finale fu liberatorio, per la partita, per la stagione, per l'intera vita di mio padre. Quel fischio sanciva il coronamento del suo sogno, chiudeva il cerchio perfetto della sua carriera iniziato quando la immaginava soltanto, idolatrando gli eroi di Superga.

Io scesi in campo, dove però, nella confusione generale, mi persi. Non so chi mi prese per mano e mi accompagnò in sede, dove mi raggiunse papà, accompagnato dall'amico Guido Tira. Arrivarono poi tutti gli altri giocatori. L'immagine di quel momento è una cartolina che ho spedito a me stessa nel futuro. Mi è arrivata quando ne avevo bisogno, quando da grande sentivo il vuoto lasciato da mio padre. Allora l'ho rivista e la rivedo ancora oggi, passandomela tra i pensieri con una carezza.

Io e papà, mano nella mano, sul balcone della sede del Torino, affacciato su corso Vittorio Emanuele II, e un cesto di petali di rose rosse ai nostri piedi. Li lanciavamo ai tifosi assiepati sotto di noi. Ero felice. Lo era anche mio padre.

Quel pomeriggio l'ho visto vivere la gioia vera, quella che fa brillare e lacrimare insieme gli occhi, quella che ti fa battere il cuore all'impazzata, quella che ti fa sorridere anche quando dormi.

Il 16 maggio del 1976 è stato il giorno più travolgente ed emozionante della sua vita. Era felicità pura. La gioia immensa e profonda, le urla liberatorie, gli abbracci e le lacrime. La vittoria raggiunta e costruita con dedizione e sacrificio finalmente era arrivata. Il Toro, il suo Toro era Campione d'Italia!

∞

L'8 sdraiato

Mio padre è stato l'8 dell'undici torinista. E l'8 dell'11 novembre, se n'è andato.

Ho sempre fatto particolare attenzione alla ricorrenza e al significato dei numeri e ho rilevato che l'8, nella sua vita, torna molto spesso. Da quando se l'è fatto cucire sulla schiena, da quando è nato a quando è andato via.

È nato il 18 agosto, l'ottavo mese. Quando ha comprato il terreno dove ha costruito la sua casa, il Comune gli ha assegnato il civico 8.

Mi fa sorridere persino l'idea che il destino in questo numero si nascondesse persino nel nome della persona che lo volle a tutti i costi portare a Torino, e che si presentò a casa dei suoi genitori all'epoca in cui Giorgio era poco più che adolescente: Umberto Motto, metteteci un apostrofo e diventa M'otto.

L'8 definito il numero perfetto, quello dell'infinito, quello degli immortali.

Simbolo senza limiti, collegato alla perfezione, all'equilibrio, all'amore eterno, all'uguaglianza, all'armonia.

L'8 il numero che rappresenta la forza interiore, la saggezza, il potere, la totalità, l'immutabile eternità.

Questo 8 lui l'ha scolpito sul cuore.

Ben altri, però, sono i numeri che descrivono la carriera di papà, che ha giocato sempre e solo con la maglietta del Toro: 566 presenze, di cui 404 in Serie A, collezionate in 16 stagioni.

Il Torino è stato fondato nel 1906. In quasi centovent'anni della sua storia, nessuno ha mai disputato così tante partite con la sua maglia, nessuno è mai rimasto in squadra per sedici stagioni da giocatore. Ancora oggi, papà è il giocatore del Torino con più presenze in campionato (442), in Coppa Italia (80), nelle coppe europee (45) ed è quello che ha giocato più derby (30).

È il capitano più longevo nell'intera storia di questa società. Nessuno ha mai indossato la fascia per dodici stagioni consecutive. Nessuno è mai stato capitano quanto e come lui.

La sua dedizione per questa squadra è stata infinita, così com'è il mio amore per lui. Infinito.

L'infinito, in matematica, è un 8 sdraiato. Com'è adesso papà. Riposa per sempre, rivolto verso la collina di Superga. Il mio 8 è sdraiato. Il mio 8 è infinito. L'8 è un capitano che è stato e sarà per sempre. L'8 è mio padre, Giorgio Ferrini.

Ringraziamenti

Oggi ho scritto l'ultima riga dell'ultimo capitolo del mio libro. È stato un viaggio intenso, pieno di emozioni felici e insieme dolorose. Un viaggio dell'anima che mi ha permesso di fare un regalo questa volta io a te per i tuoi ottantasei anni. Grazie, papà.

Grazie al mio editor Andrea, per il suo modo di saper ascoltare, per la sua delicatezza e la sua grande sensibilità nell'essere entrato «in punta di piedi» nella storia della mia famiglia e avermi guidata e supportata lungo tutto il percorso.

Grazie al presidente Cairo per avermi accolta da profana nel mondo dell'editoria e aver permesso di realizzare il mio sogno.

Grazie a tutti i tifosi del Toro, speciali e unici, per amare la magica storia di questa società di calcio, la maglia granata e quello che rappresenta.

Grazie a chi gli ha intitolato un Club, a persone

come Carlo Testa o Fabio Bernardi per i loro occhi lucidi nel ricordare il mio e il vostro Capitano.

Grazie Amos per esserci sempre e proteggermi discretamente come avrebbe fatto lui.

Finito di stampare nel mese di luglio 2025
per conto di RCS MediaGroup S.p.A.,
da Rotolito S.p.A., via Sondrio 3, Pioltello (Milano)
Printed in Italy